CS 比较译丛 31

比 较 出 思 想

不公正的胜利

富人如何逃税?
如何让富人纳税?

THE
TRIUMPH OF
INJUSTICE
HOW THE RICH DODGE TAXES
AND HOW TO
MAKE THEM PAY

[法] 伊曼纽尔·赛斯（Emmanuel Saez）
加布里埃尔·祖克曼（Gabriel Zucman） 著
薛贵 译

中信出版集团 | 北京

图书在版编目（CIP）数据

不公正的胜利 /（法）伊曼纽尔·赛斯，（法）加布里埃尔·祖克曼著; 薛贵译. -- 北京：中信出版社，2021.7
书名原文：The Triumph of Injustice
ISBN 978-7-5217-3044-9

Ⅰ.①不… Ⅱ.①伊…②加…③薛… Ⅲ.①税收制度—研究—美国 Ⅳ.①F817.123.2

中国版本图书馆CIP数据核字（2021）第060572号

Copyright © 2019 by Emmanuel Saez and Gabriel Zucman
Simplified Chinese translation copyright © 2021 by CITIC Press Corporation
ALL RIGHTS RESERVED

本书仅限中国大陆地区发行销售

不公正的胜利

著　者：[法]伊曼纽尔·赛斯　[法]加布里埃尔·祖克曼
译　者：薛贵
出版发行：中信出版集团股份有限公司
　　　　（北京市朝阳区惠新东街甲4号富盛大厦2座　邮编　100029）
承　印　者：天津市仁浩印刷有限公司

开　本：787mm×1092mm　1/16　印　张：14.75　字　数：168千字
版　次：2021年7月第1版　印　次：2021年7月第1次印刷
京权图字：01-2020-0696
书　号：ISBN 978-7-5217-3044-9
定　价：68.00元

版权所有·侵权必究
如有印刷、装订问题，本公司负责调换。
服务热线：400-600-8099
投稿邮箱：author@citicpub.com

目 录

"比较译丛"序 ··· V

引言 重塑财政民主 ··· VII

第一章 美国的收入与税收 ································· 1
美国人的平均收入：75 000 美元 ························· 2
美国工薪阶层的平均收入：18 500 美元 ················ 4
收入前1%的美国人的收益：等同于收入底层50%的
　美国人的损失 ·· 5
每个人都缴税 ·· 7
只有人缴税 ·· 10
美国的税收制度是累进的吗？ ···························· 13
为什么穷人缴税更多 ·· 15
为什么富人缴税更少 ·· 17
财阀当政 ··· 20

第二章 从波士顿到里士满 ································· 24
17世纪财富税的发明 ······································· 25
新世界的两面性 ·· 26

I

当所得税违宪时 ·· 29
　　累进税诞生了…… ·· 32
　　高水平的最高税率，低程度的不平等 ··················· 37
　　艾森豪威尔执政时期富人的平均税率：55% ············ 40

第三章　不公正如何获胜 ······································ 44
　　文明社会的代价 ··· 46
　　逃税大爆发 ··· 50
　　避税与逃税：一场有缺陷的争论 ·························· 53
　　政治与执法限制 ··· 55
　　"穷人逃税，富人避税"，或者反之亦然？ ············· 58
　　大逃脱：跨境逃税 ·· 61
　　打击逃税：《海外账户税收遵从法案》的经验教训 ······ 63

第四章　欢迎来到百慕兰 ······································ 65
　　当大公司缴纳很多税收时 ·································· 66
　　利润转移的诞生 ··· 68
　　欢迎来到百慕兰 ··· 70
　　40%的跨国公司利润被转移到避税天堂 ················· 74
　　账面利润还是设备转移到避税天堂？ ···················· 76
　　国家主权的商业化 ·· 79
　　阻止逃税车轮前行的微弱力量 ···························· 81
　　税收竞争的胜利 ··· 83

第五章　税收不公正的螺旋上升 ······························ 85
　　劳动和资本：所有收入的来源 ···························· 85
　　对资本征税越来越少，对劳动征税越来越多 ··········· 87

医疗保险：一项巨大而隐秘的劳动税 ················· 90
　　资本的最优税率：0% ································· 93
　　关于对资本征税和资本积累的长期视角 ··············· 97
　　什么促进了资本积累：是监管而不是税收 ············· 99
　　走向累进所得税的终结 ······························ 102

第六章　如何阻止税收不公正的螺旋上升 ··············· 105
　　为什么到目前为止，各国在协调合作方面步履蹒跚？ ··· 106
　　每个国家都必须监管其跨国公司 ······················ 110
　　现在就开始国际间的协调合作 ······················ 113
　　如何对逃税者的税收赤字征税 ······················ 116
　　对避税天堂的制裁 ·································· 119
　　从向税率逐底竞争转变为向税率逐高竞争 ············ 120

第七章　向富人征税 ·································· 122
　　为什么要对富人征税？为了帮助穷人 ················ 124
　　富人的最优平均税率：60% ·························· 126
　　如何阻止富人逃税：公共保护局 ···················· 129
　　堵塞漏洞：相同收入、相同税率 ···················· 132
　　结束公司逃税避税：一体化 ·························· 133
　　收入前1%的人会缴纳多少税？ ······················ 136
　　财富税：向亿万富翁征税的恰当方法 ················ 139
　　如何对财富征税：利用市场的力量 ·················· 142

第八章　超越拉弗 ···································· 147
　　拉弗之前的最高所得税 ······························ 148
　　实施没收性最高所得税税率的理由 ·················· 150

极端财富的好处：一场没有数据的争论 ………………… 152
1946—1980 年：高速而公平的增长 …………………… 154
1980—2018 年：工薪阶层与经济增长脱节 …………… 156
工薪阶层的收入增长：两个国家的故事 ………………… 157
增长被低估了吗？ ………………………………………… 160
再分配的限度 ……………………………………………… 163
抑制财富集中：激进财富税 ……………………………… 165

第九章　充满可能性的世界 ……………………………… 169
社会福利国家的兴起 ……………………………………… 170
私人医疗保险：巨额人头税 ……………………………… 172
为社会福利国家提供资金：超越工资税和增值税 ……… 175
为 21 世纪的社会福利国家提供资金：国民所得税 …… 178
实现全民医疗保险刻不容缓 ……………………………… 181

结　论　税收公正已刻不容缓 …………………………… 186

致　谢 ………………………………………………………… 189

注　释 ………………………………………………………… 190

参考文献 ……………………………………………………… 204

"比较译丛"序

2002年，我为中信出版社刚刚成立的《比较》编辑室推荐了当时在国际经济学界产生了广泛影响的几本著作，其中包括《枪炮、病菌与钢铁》、《从资本家手中拯救资本主义》、《再造市场》（中译本后来的书名为《市场演进的故事》）。其时，通过20世纪90年代的改革，中国经济的改革开放取得阶段性成果，突出标志是初步建立了市场经济体制的基本框架和加入世贸组织。当时我推荐这些著作的一个目的是，通过比较分析世界上不同国家的经济体制转型和经济发展经验，启发我们在新的阶段，多角度、更全面地思考中国的体制转型和经济发展的机制。由此便开启了"比较译丛"的翻译和出版。从那时起至今的十多年间，"比较译丛"引介了数十种译著，内容涵盖经济学前沿理论、转轨经济、比较制度分析、经济史、经济增长和发展等诸多方面。

时至2015年，中国已经成为全球第二大经济体，跻身中等收入国家的行列，并开始向高收入国家转型。中国经济的增速虽有所放缓，但依然保持在中高速的水平上。与此同时，曾经引领世界经济发展的欧美等发达经济体，却陷入了由次贷危机引爆的全球金融危机，至今仍未走出衰退的阴影。这种对比自然地引发出有关制度比较和发展模式比较的讨论。在这种形势下，我认为更有必要以开放的心态，更多、更深入地学习各国的发展经验和教训，从中汲取智慧，这对思考中国的深层次问题极具价值。正如美国著名政治学家和社会学家李普塞特（Seymour Martin Lipset）说过的一句名言："只懂得一个国家的人，他实际上什么国家都不懂"（Those who only know one country know no country）。这是因为只有越过自己的国家，才能知道什么是真正的共同规律，什么是真正的特殊情况。如果没有比较分析的视野，既不利于深刻地认识中国，也不利于明智地认识世界。

相比于人们眼中的既得利益，人的思想观念更应受到重视。就像技术创新可以放宽资源约束一样，思想观念的创新可以放宽政策选择面临的政治约束。无论是我们国家在上世纪八九十年代的改革，还是过去和当下世界其他国家的一些重大变革，都表明"重要的改变并不是权力和利益结构的变化，而是当权者将新的思想观念付诸实施。改革不是发生在既得利益者受挫的时候，而是发生在他们运用不同策略追求利益的时候，或者他们的利益被重新界定的时候"。* 可以说，利益和思想观念是改革的一体两面。囿于利益而不敢在思想观念上有所突破，改革就不可能破冰前行。正是在这个意义上，当今中国仍然是一个需要思想创新、观念突破的时代。而比较分析可以激发好奇心、开拓新视野，启发独立思考、加深对世界的理解，因此是催生思想观念创新的重要机制。衷心希望"比较译丛"能够成为这个过程中的一部分。

钱颖一

2015 年 7 月 5 日

---

* Dani Rodrik, "When Ideas Trump Interests: Preferences, Worldviews, and Policy Innovations," NBER Working Paper 19631, 2003.

引言　重塑财政民主

2016年9月26日晚,希拉里·克林顿迎来了一个良好的开端。这位前国务卿在她第一次面对唐纳德·特朗普的竞选辩论中占据了上风。作为一位真人秀的名人,特朗普在共和党初选中获胜。这位共和党候选人紧张而又咄咄逼人,连续打断他的对手。而这位民主党候选人准备充分、态度轻松,不断得分,辩论突然转向了税收问题。

特朗普打破了追溯至20世纪70年代初的传统,拒绝公布他的纳税申报表,声称自己正受制于美国国税局(Internal Revenue Service)的审计。希拉里诱使这位身价亿万的房地产开发商谈论这些年来他缴纳的少得可怜的税收:"只有在他试图获得赌场执照时才会有人能够看到他的纳税申报表,而且,纳税申报表显示,他没有缴纳任何联邦所得税。"而特朗普自豪地承认:"(不缴税)显得我很聪明啊。"希拉里并没有退缩。她冷静地阐述着,如果按照她为国家税法设想的,经过精心设计、仔细权衡、深思熟虑的技术解决方案,那么今天就不会是这个样子。

从政治上说,"(不缴税)显得我很聪明啊"是一句很高明的话。作为这个国家最富有的人之一,自己承认完全可以不缴税,这简直是太荒谬了,而这恰好强化了特朗普竞选的核心阐述:华盛顿特区的建制派（当权派）毁掉了这个国家。税法和其他东西一样，都受到了不正当的操控。在特朗普的回答中，有一种与罗纳德·里根总统本人一致的声音，里根曾经有一个著名的比喻，那就是把税法比作"日常打劫"（daily mugging）。在特朗普和里根看来，对自身利益的不懈追求支撑着所有人的繁荣。资本主义就是利用人类的贪婪以获取更大的收益。税收就是一种障碍，所以避免税收就是正确的做法。

同时，"（不缴税）显得我很聪明啊"暴露了这种意识形态的悖论。无情的自私自利摧毁了作为任何繁荣社会核心的信任与合作准则。如果没有基础设施连接他的摩天大楼与世界其他地方，没有下水道系统运载垃圾，没有老师教他的律师如何阅读，没有医生和公共研究让他保持健康，更不用说，如果没有法律和法庭保护他的财产安全，特朗普自己什么都不是。使社会兴旺发达的并不是不受约束的自由放任，而是合作和集体行动。没有税收，就没有合作，就没有繁荣，就没有共同的命运，甚至也就没有一个国家会需要总统了。

特朗普的自夸揭示了美国社会的失败。这已经变得如此自然，以至于总统候选人会公开承认富人不会为国库做出任何贡献，而他的竞争对手对此也无法给出清晰的解决方案。这个国家的税收制度已经失败，而这是任何民主社会中最重要的制度。

写作这本书，我们一直牢记两个目标：第一，了解美国究竟是如何彻底陷入了这场混乱；第二，帮助解决它。

税收不公大获全胜

候选人特朗普的承认仅仅是美国新不公正现象的逸事证据。

甚至当他们的收入激增，从全球化中获得了回报，而且他们的财富飙升到前所未有的高度时，这些最幸运的美国人也目睹了税率的下降。与此同时，对于工薪阶层来说，工资停滞不前、工作条件恶化、债务膨胀、税收增加。自1980年以来，税收制度使市场经济中的赢家走向富裕，但使那些很少从经济增长中获得回报的人陷入贫穷。

任何民主国家都必须讨论政府的适当规模和税收累进的理想程度。对于个人和国家而言，受历史和国际经验的影响，受统计和抽象推理的影响，有时改变看法是很自然的。但是，过去几十年税收政策的变化是经过如此深思熟虑的结果吗？对超级富豪征税的坍塌是美国社会想要的吗？

我们对此表示怀疑。其中一些变化是有意识选择的结果。但大多数情况是被动的承担：避税行业的爆发掩盖了收入和财富；随着全球化的发展，可被跨国公司利用的新税收漏洞出现了；国际税收竞争的螺旋式上升，导致各国纷纷降低税率。税收的大部分变化并不是因为民众突然有了豁免富人的欲望，而是因为没有选民投入而导致了压倒性的力量。无论减税是否能产生积极的经济效果，过去几十年的剧变大体上都不是知情公民深思熟虑和理性选择的产物。税收不公的胜利首先就是对民主的否定。

本书的第一个贡献是讲述了这一巨大变革。我们讲述的既不是左派对阵右派的故事，也不是小政府保守派战胜了财富自由派的故事，而是关于（罗斯福）新政建立的税收体系如何遭到破坏的故事。在它消亡的每一步中，我们都发现了相同的模式。它开始于避税的爆发。接着，受到被认为无法战胜的敌人（避税手段、全球化、避税天堂、金融不透明）的影响，政策制定者放任这些避税行为持续蔓延恶化。最终，政府假装无法对我们当中最富有的人征税，从而大幅削减了富人的税率。

为了理解这种不公正，以及哪些选择（和非选择）促成了它的胜利，我们进行了深入的经济调查。根据一个世纪的统计数据，我们估算了美国自1913年以来，从最穷困的人到亿万富翁的每个社会群体缴纳了多少税收。我们的数据系列包括支付给联邦、州和地方政府的所有税收：当然，不仅有联邦所得税，而且包括州所得税、种类繁杂的销售税和产品税、公司所得税、商业和住宅不动产税，以及工资税。区分"家庭缴纳的税收"和"企业缴纳的税收"是毫无意义的：所有的税收都是由人支付的，而且我们的工作就是把一个多世纪的所有税收分配到现有的个人身上。

我们的方法是系统性的。特朗普总统可能会吹嘘他没有缴纳很多税收，但其他富人呢？特朗普是一个反常案例，还是更普遍现象中的一个案例呢？个案可以提高人们的意识，但无论多么令人瞠目结舌，它们都无法让我们了解整个社会正在普遍发生的事情。为了研究税收的变化及其影响，我们在一个一致性框架体系内系统地结合了现有的证据，包括所得税申报表、税收审计结果、家庭调查数据、美国跨国公司在其海外子公司登记的利润报告、宏观经济资产负债表，以及国民经济核算账户和国际收支账户。经济统计数据从来都不是完美的，同样，我们的数据也有其局限性，我们会在适当的时候留意这一点。但综合看，这组数据揭示了哪些选择、法律和政策助长了税收不公。

我们多年来对美国经济的研究成果产生了这一全面的视角，使我们能够从整体上研究美国税收制度累进性的长期变化，这是迄今为止任何政府机构或研究机构都没有做到的。这些数据揭示了近几十年来发生的改变程度，其中首次包括了特朗普当选总统的后果。

让我们看一看：1970 年，最富有的美国人缴纳的所有税收超过了其收入的 50%，是工薪阶层的两倍。2018 年，在特朗普税收制度改革之后，亿万富翁缴纳的税收在过去 100 年中首次低于钢铁工人、教师和退休人员。富人见证了他们的税收已经降到了 1910 年的水平，而当时政府规模只有现在的四分之一。这仿佛一个世纪的财政历史已经被抹去一样。

全球的税收正义已刻不容缓

除了美国，更重要的是，我们讲述的是关于全球化和民主的未来。因为尽管税收的变化在大西洋的这一边是极端的，但税收不公的胜利并非美国特有。在避税和无度的税收竞争日益加剧的背景下，大多数国家都在不同程度上出现了不平等的加剧和税收累进性的下降。同样的问题在全世界涌现，且同样紧迫：如果民主选举的官员制定的税收制度继续提高少数特权阶层的收入，谁会对民主体制保持信心呢？如果全球化意味着对主要赢家征收的税率越来越低，而对出局者的税率越来越高，那么谁会对全球化保持信心呢？当务之急是我们必须创造新的财政体制和新的合作形式，以帮助民主政体和国际开放在 21 世纪蓬勃发展。

好消息是，我们现在可以解决税收不公的问题。全球化并没有摧毁我们向大公司和富人征税的能力。选择是由我们来做的。我们可以允许跨国公司选择其申报利润的国家，或者也可以替它们做选择。我们可以容忍金融不透明和随之而来的税收滥用的无限可能，或者我们也可以选择评估、记录，并向财富征税。我们可以支持一个帮助富人逃税的庞大行业，或者我们也可以选择对其进行监管，清除对逃税的供应。使全球化和累进税相互兼容是可能的。本书的第二个贡献就是说明如何操作。

左派和右派中的很多人相信，向跨国公司征税几乎是不可能的。如果尝试对跨国公司征税，它们就会搬到爱尔兰、新加坡，或许明天搬到中国。它们的资本是无形的，可以在纳秒内转移到百慕大。其他国家有低税率吗？我们必须有低税率。其他国家正在放弃对跨国公司和高收入者征税吗？我们也必须放弃。各国之间的税收协调是一个乌托邦，而且唯一的未来就是一场不断探底的税收竞赛。

无论它们多么真诚，无论它们得到多么广泛的认同，这些信念都是不正确的。我们可以像在国际关系的许多其他领域所做的那样，协调我们的政策，而不是展开大规模的财政混战。不用多想，我们就可知道，一些国家和社会团体从目前形式的全球化中获得了巨大利益，但其他形式的全球化也是可能的。在后续章节中，我们将研究税收竞争的算法以及它在少数国家的繁荣中所起的核心作用。但我们也将看到，少数几个共同行动的国家如何宣告这场游戏的终结。我们将看到如何对避税天堂采取防御性措施，以及如何用一场向上的税收竞争取代如今不断探底的税收竞争。

认为外部或技术性制约因素，如"国际竞争""避税""漏洞"，使税收正义成为空想的观念是经不起推敲的。说到税收的未来，一切皆有可能。从所得税的消失到前所未见的税收累进水平（如果过去40年的趋势继续保持，这将是一个看似合理的结果），摆在我们面前的是无限可能的未来。

民主政体

亿万富翁应该像如今的美国这样，将收入的23%用于纳税，还是应该像1970年左右那样，将几乎50%的收入用于纳税？企业利润应该按照1960年52%的税率被征税，还是应该按照2018年税制改革以来21%的税率被征税？非常幸运的是，这些问题是永远不会用数据或科学来解决的。它们不是经济学家需要研究解决的问题，而是所有人需要解决的问题，应该通过民主审议和投票决定。经济学家能提供帮助的是汇集对"民有、民治、民享"政府（a government of the people, by the people, and for the people）至关重要的信息。正是通过展示可能路径的多样性，通过描述这些路径及其影响，来阐述不同的税收分配将如何影响我们每一个人，以及我们今天所做的选择将如何影响明天不同社会群体的收入增长。

本书的第三个贡献是创造一种新的工具来做到这一点。Taxjusticenow.org是一个模拟网站，该网站使政策制定者、活动家和所有人，无论他们的政治派别、思想流派或经济学知识如何，都可以评估税收政策变化对税收分配、每个社会群体的收入和财富以及不平等动态的影响。该网站允许任何人评估现行税制参数的修改以及更大胆的改革将如何影响社会。将最高边际所得税税率提高到70%是否足以使亿万富翁比美国工薪阶层为国库（包括所有税收）做出更大贡献？如果我们将公司税率提高到

30%，或者对超级富豪征收新的财富税，情况会如何？中产阶层的税收可以削减多少，或者财政赤字可以减少多少？

这些问题将始终在政治辩论中发挥重要作用，但目前公众还无法获得确切答案。税收模拟器存在于美国财政部、国会预算办公室和一些智库，如税收政策中心（Tax Policy Center）、税收和经济政策研究所（Institute on Taxation and Economic Policy），但对记者、候选人和广大选民来说，这是遥不可及的。

在这种情况下，大多数关于税收的讨论最终都相当模糊。从左派的观点看，人们普遍认为1%的人拥有如此多的财富，可以通过征税筹集可观的收入。这是真的，但论断需要精确：通过增加对富人的征税，我们究竟能准确地获得多少财政收入呢？是否足以为所有人提供免费的公立大学教育和医疗保险呢？就中间派而言，许多人在稳定的鼓声中哀悼着现行的税收漏洞；只要我们能够堵住这些漏洞，就不需要做任何改变。堵住漏洞很重要，但我们确信这会对税收缴纳的分配产生真正的影响吗？右派中，正统观点认为，综合所有税收，可以看到最高边际税率已经很高了。增加额外的税收将会是惩罚性的，或者会损害经济增长；相反，美国应该开征消费税。为什么不呢？但这样的税收制度会不会比今天更具累退性呢？

基于一种新的经济方法，taxjusticenow.org 网站对这些问题提供了真实答案。我们的税收模拟器涵盖了各级政府的所有税收，不仅包括所得税或联邦税。这样我们就可以模拟一些基础创新，比如对财富征收累进税，或者征收税基广泛的税收，以资助全民医疗保险。而且，现有的政策工具侧重于税收变化对政府财政收入的影响，而我们的研究显示了税收政策工具对一个重要参数的影响，即不平等，而这是在税收政策讨论中经常被遗漏的。

我们都看到了关于美国收入和财富集中度上升的头条新闻：顶层群体的收入激增和其他群体收入的缓慢增长。这是真实的，在美国，收入为前1%的群体获得的国民收入份额从1980年的10%上升到今天的20%。这种趋势还会继续吗？这在很大程度上取决于未来政府将选择执行什么样的政策，特别是哪种税收政策将起主导作用。

一切如常，由于滚雪球效应，从中期看，收入集中度可能会继续上升：富人收入中的储蓄比例要高于其他人，这就使他们能够积累更多的财富，进而产生额外的收入。在20世纪大部分时间里，累进税，特别是对资本（而不是劳动）征收的高税率，一直控制着财富集中度的螺旋式上升。但是，过去20年的税收变化已经摧毁了这一保障措施。

为了防止这种不平等现象达到极端水平，我们需要为21世纪建立一个新的税收制度。为了实现这一转变，在本书的后半部分，我们提出了一系列独创且切实可行的建议，从对极端财富征税到对跨国公司征税；从对医疗服务的资助到对累进所得税的再造。当然，我们的解决方案并不完美，也不是唯一可能的答案。但我们的方案是在现代研究的证据和理论基础上得出的，它们是精确的，因为我们对方案做了精准评估，并深思熟虑了方案的实施；而且它们是透明的，因为任何人都可以模拟它们对每个社会群体的税收分配以及收入和财富的动态影响。

从政治上说，这些治理不平等的想法是现实的吗？显然，政治黑钱和自私自利的意识形态是强大的敌人，很容易使我们丧失希望。虽然这些问题是真实的，但我们不应该绝望。在非正义胜利之前，美国是税收正义的灯塔。美国是一个民主国家，是一个可能具有世界上最激进的累进税收制度的民主国家。20世纪30年代，美国政策制定者发明了一种新的税收政策，并且在随后的近半个世纪中一直实施，即最高收入者按照90%的最高边际税率被征收所得税，企业利润按照50%的税率被征税，大型房地产按照接近80%的税率被征税。随着财政收入的增加，美国建立了很多学校，使人们的生产力日益提升、生活繁荣兴旺，而且资助了很多公立大学，直到今天，这些大学仍然是全世界大学中的翘楚。

  正如我们很快就会看到的，税收的历史就像U形针一样，完全是180度的大转弯。有指导意义的是，尽管那些"聪明"的亿万富翁今天仍然不需要缴纳很多税收，但他们不能永远愚弄我们。

第一章　美国的收入与税收

美国的税收制度如何再分配？对一些观察家来说，毫无疑问，美国的税收是高度累进的，因为你赚的钱越多，作为收入的一部分，你应纳的税也就越多。欧洲国家在很大程度上依赖于增值税，这是一项针对消费的征税，由于富人收入中更大的比例用于储蓄，而穷人收入中很大比例用于消费，所以这就给穷人带来了不成比例的负担。但在美国没有增值税，正如观察家们所言，因此低收入者一定缴纳相对较少的税收。根据这一观点，在收入金字塔顶端，联邦政府毫不犹豫地让富人通过缴纳累进所得税为国家支付账单。

但是，对于税收的累进性，许多人持有不同观点，认为事实恰恰相反。由于税法和其他立法中的无数漏洞，特别是利息减免方面的漏洞，富人几乎是可以逃避纳税的。

谁是正确的呢？在我们能够就政策问题进行一场心平气和的讨论之前，必须确定一些基本事实，那就是，谁真正支付了什么。不幸的是，那些负责向国会通报预算和经济问题的政府机构，如国会预算办公室，并没有对这个问题提出解决方案，至少没有完全解决。它们公布联邦税收分配的信息，却没有考虑州和地方税收，而州和地方税收不仅占美国人所有纳税的三分之一，而且比联邦税收的累进性也要低得多。它们的统计数据没有提供有关超级富豪的具体信息，因此无法判断唐纳德·特朗普是亿万富翁中的一个特例，还是更普遍现象中的一个实例。

让我们试着拨开迷雾吧。

美国人的平均收入：75 000 美元

我们用一个简单的问题开始我们的研究：如今美国人的平均收入是多少？要回答这个问题，我们必须引入一个在本书中起关键作用的概念：国民收入（National Income）。根据定义，国民收入是指一个国家的居民在某一年内获得的所有收入，而不论这种收入采用何种合法形式。这可能是最宽泛的收入概念了。特别是，这个数字比纳税申报表上的收入或家庭调查中的收入要更大一些。例如，它包括了公司所有利润，无论这些利润是否分配给股东。如同股息一样，未分配利润也是股东收入的一种形式，唯一的区别在于，这些收入在赚取的那一年被完全留存下来，并再投资于公司。国民收入还包括了所有附加福利，比如员工通过雇主获得的私人医疗保险。

国民收入与一个大家更为熟悉且在媒体上颇受关注的概念密切相关，那就是"国内生产总值"，即 GDP。顾名思义，GDP 是指一年内生产的所有商品和服务的价值。这一概念最早出现于大萧条之后，从 20 世纪五六十年代开始流行。此前，国民收入的概念更为盛行。然而，如今的总统和专家们喜欢评论的增长数据总是指 GDP 的增长。在美国，2019 年成人人均 GDP 接近 9 万美元。[1] 也就是说，每个成年人平均生产价值 9 万美元的商品和服务。

第一章　美国的收入与税收

为了得到国民收入的数据，我们需要对GDP进行两次调整。首先，需要减去资本折旧，也就是那些在生产过程中使用的建筑物、机器和设备的价值损失，这是GDP的一个组成部分（这就是为什么国内生产是"总值"的原因）。对于任何人而言，折旧并不对应任何收入：在支付员工工资、分配股息和投资新设备之前，企业必须首先更换破旧的设备和其他固定资产，拖拉机年久失修，窗户必须修理等。在国民经济核算中，折旧数额很大，约占GDP的16%。事实上，折旧甚至比国民经济核算中计量的更大，因为生产往往伴随着自然资源枯竭和生态系统退化。从逻辑上讲，这些形式的折旧也应该从GDP中减去，尽管人们正在努力弥补经济统计中的这一缺陷，但目前还没有实现。[2]

从GDP到国民收入（NI）的第二个调整是，加上美国从国外获得的收入，再减去美国支付给世界其他地区的支出。20世纪五六十年代，在国际资本市场被关闭期间，这些国际间的流动微不足道。如今，跨境支付的利息和股息相当可观。美国以利息和股息的形式将其GDP的3.5%支付给外国，而从其他国家获得相当于其GDP 5%的利息和股息。按净值计算，美国获得了更多。

扣除折旧，加上国外收入的净值后，2019年美国国民收入达到约18.5万亿美元，或者说居住在美国的2.45亿成年人（20岁及以上）的平均收入为75 000美元。无论是从税收和政府转移支付前的收入看，如社会保障福利和公共资助的医疗服务支出，还是从税收和政府转移支付后的收入看，这75 000美元都是一样的。不管政府征税多少，它最终都会重新分配给有血有肉的个人，无论是以现金形式（例如社保福利），以服务形式（例如为你支付医疗费用），还是通过支付警察、士兵和其他公共部门员工的工资。幸运的是，政府没有破坏任何收入。在这方面，当然它也没有创造任何东西。

美国工薪阶层的平均收入：18 500 美元

大多数美国人的收入不到 75 000 美元，而有些人的收入要高得多。为了更详细地研究收入分配，有必要将人们分为四个群体：工薪阶层（处于收入分配底层 50% 的群体）、中产阶层（在工薪阶层之上的 40%）、中上阶层（在中产阶层之上的 9%）和富人（在所有其他三个群体之上的前 1%）。虽然这些群体不是同质的，但这样简单的划分就已经揭示了赤裸裸的不平等。

让我们从工薪阶层开始，他们是处于收入金字塔底层的 1.22 亿成年人。对他们来说，2019 年税收和政府转移支付前的平均收入为 18 500 美元。是的，你没看错：美国有一半的成年人依靠 18 500 美元的年收入生活。稍停一下，想想你工资支票的最上面一行，在扣除任何所得税之前有多少。我们期望，许多读者会立即意识到他们与另一半美国同胞之间的鸿沟。对于 1.22 亿成年人来说，市场每年带给他们的总收入是 18 500 美元，约占美国成人人均 75 000 美元收入的 1/4。这个数字可能是最全面的估算，它是从可能最大口径的收入衡量标准，即国民收入开始的，然后没有任何遗漏地把这个总数分配给全部成年人口。例如，这 18 500 美元包括了员工立即支付给政府的钱（以工资税的形式），或他们的雇主立即支付给私人保险公司的钱。

在收入金字塔再上一层 40% 的人（中产阶层）在税收和政府转移支付前的平均收入为 75 000 美元，正好是全部成年人群体的平均收入。这个由近 1 亿成年人组成的群体，从某种意义上说，可以被视为美国的代表。尽管我们都听说过美国中产阶层灭亡的末日故事，但现实情况更加微妙。平均年收入 75 000 美元的美国中产阶层，仍然是世界上最富裕的阶层之一。而且，自 1980 年以来，中产阶层的收入每年增长 1.1%，虽然没有什么惊人的增长，但也不容忽视。以 1.1% 的增长速度，他们的收入每 70 年就会翻一番：新一代人的收入是其祖父母的 2 倍。在美国经济中，异乎寻常的事实并不是中产阶层正在消亡，而是工薪阶层的收入是多么微薄。

那些赚得比中产阶层还多的人怎么样呢？当我们观察收入金字塔顶端的时候，很重要的是区分中上阶层（收入前 10% 中不包括前 1% 的群体）和富人（收入前 1% 的群体），因为这两个群体处于完全不同的级别。当然，由 2 200 万成年人组成的中上阶层并不值得同情。他们拥有 220 000 美元的平均年收入，以及随之而来的一切：居住着宽敞的郊野别墅、孩子就读于昂贵的私立学校、拥有充裕的养老金和良好的医疗保险，根本不需要为生活而挣扎。但是作为一个群体，他们与收入金字塔塔尖 1% 的美国人（240 万最富有的美国人）存在着质的差别，最富有的 1% 的美国人平均年收入为 150 万美元。

收入前 1% 的美国人的收益：等同于收入底层 50% 的美国人的损失

自从"我们是 99% 的人"这一口号出现以来，公众已经熟悉了富人与社会上其他人的财富差距。但是，这一看法值得重复，

不公正的胜利

因为它反映了美国经济的一个基本事实：在过去几十年里，对于那些在收入分配顶端的人而言，他们的收入飞涨，而这是其他人所没有的。一些人认为，成功富裕的专业人士（据说是收入前20%的群体）已经把其他群体甩在了后面。[3] 事实上，数据显示，美国社会的主要断层是在收入金字塔的更高层，即在前1%的富人和其他人之间。

或许没有什么比这个简单的例子可以更简洁地概括美国经济的蜕变了。1980年，在政府税收和转移支付之前，前1%的人群获得了略高于10%的国民收入，而后50%群体的收入份额大约为20%。但是，今天的情况恰恰相反：前1%群体的收入占国民收入的20%以上，而工薪阶层的收入占比几乎不到12%。换句话说，前1%群体的收入几乎是整个工薪阶层的2倍，但从人口统计看，工薪阶层的人数却是这1%群体的50倍以上。可以说，240万最富有的美国人在国民收入中占比的增加，正相当于1亿多美国工薪阶层遭受的损失。

在发达经济体中，美国独一无二地见证了如此巨大的财富变化。收入不平等的加剧无疑是一种全球现象，但回顾过去40年，收入集中度上升的速度明显取决于你所关注的国家。例如，将美国与西欧进行比较。1980年的大西洋两岸，收入前1%群体在国民收入中所占比例是相同的，约为10%。然而，在随后的几年里，不平等程度的走势看起来大不相同。在西欧，前1%群体的收入份额增加了2个百分点（而美国增加了10个百分点），如今达到12%。而后50%群体的收入份额下降了2个百分点，从24%降至22%。[4] 放眼望去，在高收入的民主国家中，没有一个国家的不平等加剧程度比美国高。

第一章 美国的收入与税收

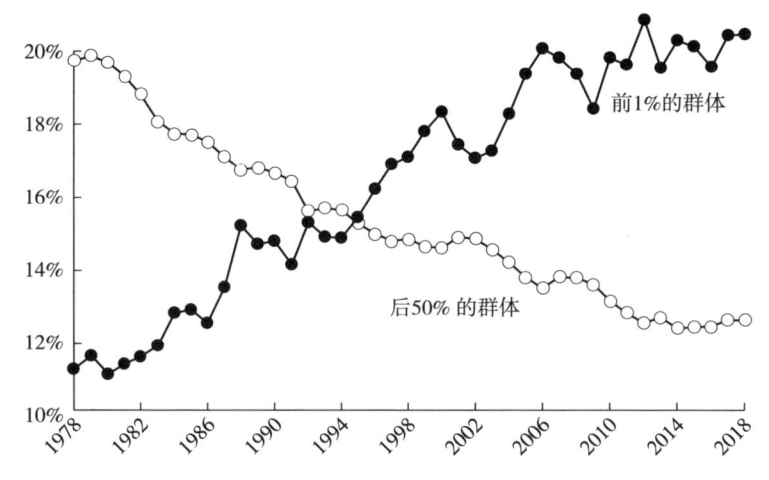

图 1.1 1978—2018 年美国不平等程度的加剧
（国民收入中，前1%群体和后50%群体的收入份额）

注：该图描述了美国自 1978 年以来，税前国民收入中前 1% 群体和后 50% 群体分别所占的收入份额。单位是指每个成年人的个人收入，已婚夫妇的收入平均分配到夫妻两人。数据显示，前 1% 群体的收入占比几乎翻了一番，从 1980 年的约 10% 增加到今天的约 20%。相反，后 50% 群体的收入份额从 1980 年的 20% 跌落到如今的 12%。详情请见 taxjusticenow.org。

每个人都缴税

既然对美国的收入分配有了很好的认识，那我们就可以转向税收了。2019 年，美国居民向地方、州和联邦政府缴纳的税收略高于美国国民收入的 28%，相当于平均每个成年人 20 000 美元左右。当然，有些人缴纳的税收超过 20 000 美元，有些人则更低。但没有人零纳税。2012 年总统候选人米特·罗姆尼（Mitt Romney）痛斥了 47% 的人没有对国库做出贡献，他称这些人是"只接受不给予的人"，尽管这种说法可能很受欢迎，但其实毫无意义。作为一个国家，美国通过政府的各种形式（联邦、州、地

7

方）共用其近 1/3 的资源。每位成年人都为这一努力做出了贡献。罗姆尼只是在暗示47%的人没有缴纳联邦所得税，在我们问"谁来缴税"时，还有许多其他税种需要考虑。

广义而言，美国的税收与其他大多数发达国家一样，可以分为四类：个人所得税（individual income taxes）、工资税（payroll taxes）、资本税（capital taxes）和消费税（consumption taxes）。每个税种都历史悠久，并发挥着重要的经济作用。

创设于1913年的联邦个人所得税是美国最著名、规模最大的税种，约占总税收收入的1/3（在28%的国民收入中占比约为9%）。尽管联邦所得税应该以所有收入作为征税基数，既包括来自工作（工资）的收入，也包括拥有资本带来的收入（如利息、股息、资本利得等），但是应纳税所得额低于国民收入总额。逃税导致了二者之间的差距：因为统计学家尝试还原美国人的真实收入，所以他们在国民收入统计中包括了那些基于国税局随机审计数据得出的隐匿收入金额，使国民收入大于应纳税所得额。但是，应纳税所得额低于国民收入的主要原因是许多形式的收入在法律上是免税的，特别是资本收入。

退休账户应得的股息和利息呢？免税。公司未分配利润呢？免税。通过雇主支付的医疗保险费呢？免税。房主向自己支付的隐性租金呢？同样免税。如今，需要缴纳个人所得税的收入（税基总额）仅占美国国民收入的63%。其余大部分国民收入在法律上是免税的。尽管左派和右派政治家都普遍坚持，最好有一个宽泛的征税基础，也就是说，要从最大可能的资金池中征税，但遗憾的是，过去几十年里，个人所得税的应纳税基础已经缩小了。1980年，71%的国民收入被列入应纳税所得额。尽管不断地调用资源以实现征税"基础拓宽",但山姆大叔可以用来征税的蛋糕越来越小。

2019年,适用于这一应纳税基数的税率范围是从基础的12 200美元收入适用0%的税率到超过510 300美元(已婚夫妇为612 350美元)的收入适用37%的税率。这使联邦所得税成为累进税。累进税的反面是累退的,也就是说,你挣得越多,你必须缴纳的税收占收入的比例就越低。介于两者之间的是单一税率税(the flat tax),这是一种无论收入多少,每个人都缴纳相同税率的税。虽然是累进税,但如今所得税的累进程度已经远低于其历史水平。自1913年创设联邦所得税以来,最高边际所得税税率平均为57%(这一税率适用于最高税收等级群体,2019年为收入超过510 300美元的群体),比当前的37%高出20个百分点。

除了联邦所得税,美国7个州*以外的所有州还征收自己的所得税。各州通常使用与联邦政府相同的应纳税所得额的定义;然后,采用自己的税率表,加利福尼亚州的最高边际税率是13%。包括纽约在内的一些城市也有自己的所得税。总体来说,这些州和地方所得税收入合计占国民收入的2.5%,使个人所得税的总税收收入达到美国国民收入的11.5%。正如我们看到的,在相应的税基下,个人所得税的应纳税所得额仅占美国国民收入的63%,所以美国的平均所得税税率仅略高于18%(11.5%除以63%)。

第二大税收来源是社会保障(Social Security)工资税,占国民收入的8%。这些税收是针对劳动所得征收的,也是从工薪阶层的工资中征收的"第一美元税收"(the very first dollar),税率为12.4%。2019年,征税的工资上限为每年132 900美元,相当

---

* 阿拉斯加、佛罗里达、内华达、南达科他、得克萨斯、华盛顿和怀俄明州。

于跻身最高工资收入5%的门槛。任何超过这个上限的收入都可以免税，导致社会保障工资税严重累退。为了资助联邦医疗保险项目（Medicare），另一项单独税收对所有收入按照2.9%的税率征收。50年前，所有这些工资税规模还很小，现在已经增长到几乎和联邦所得税一样大的规模了。正如我们将要看到的，这一变化大大削弱了美国税收制度的累进性。

第三大税收来源是消费税：州和地方政府征收的销售税，以及联邦、州和地方政府针对汽油、柴油、酒精、烟草等征收的产品税。许可税（如机动车许可证和对开采自然资源的征税）也属于这一类，还有贸易关税，也就是进口货物的销售税。总的来说，每个成年人的消费税平均为3 500美元。这相当于对个人消费支出平均征收6%的税。销售税约占消费税总额的一半，而产品税和许可税占另一半。2019年，尽管在特朗普总统的大力推动下，进口税大幅增加，但仍只占一小部分，约为消费税总额的1/10。[5]

最后也是最小的税收来源是资本税。在这一类别下，我们包括了公司所得税、住宅和商业不动产税，以及遗产税。其中，一些是对资本收入流征税（对公司利润征收的公司所得税）；另一些是对资本资产征税（或者一年一度的不动产税，或者死亡或赠予时征收的遗产税和赠予税）。资本税加起来略高于国民收入的4%。由于资本收入约占美国国民收入的30%，因此资本税相当于对资本收入平均征收大约13%的税（4%除以30%）。

只有人缴税

不管属于哪一个税种，所有税收都是由人缴纳的。如果"大公司"或"机器人"能为我们纳税,那就太好了,可惜那是不可能的。正如所有国民收入最终要归于血肉之躯一样,所有税收最终也要由真实的人来承担。例如,就像公司的未分配利润被看成股东的收入(公司留存并立即再投资的收入)一样,公司税也是股东缴纳的税收:纳税减少了公司利润,从而减少了股东可以获得的股息或者用于再投资的利润。

虽然只有人来缴税,但有些缴税人可能生活在(非美国的)其他地方。从这个意义上说,让其他国家支付税收也是可能的,或者至少可以尝试一下。然而,除了一些非常特殊的情况,例如一些小的石油生产国,没有任何国家能够成功地让外国人对本国税收做出很大贡献。以美国为例,其部分不动产税和公司税由外国人缴纳,例如,在洛杉矶拥有房地产的中国居民要向加利福尼亚州缴纳不动产税。同样,外国人持有美国公司近20%的股份,[6]因此美国的公司所得税在某种程度上是对外国所有者征收的税。但是,非美国公民缴纳的美国税收总额是很小的,约占国民收入的1%。而且,这样的缴税是相互的。美国人持有外国公司的股份,并且在伦敦和西班牙拥有房地产,所以他们也在国外缴纳公司税和不动产税,这与外国人在美国缴纳的税收大体相当。最终,美国政府征缴了国民收入的28%作为税收,美国人缴纳了其收入的28%作为税收。

为了弄清楚纳税额是如何在个人之间分配的,也就是说,哪个社会群体缴纳了什么税收,这就需要做一些调查研究工作。在20世纪七八十年代,布鲁金斯学会(Brookings Institution)的约瑟夫·佩克曼(Joseph Pechman)对美国所有税收的分配做出了开创性的估算,但奇怪的是,没有人尝试效仿他,最后的估算停

不公正的胜利

留在了 1985 年，当时的不平等程度远低于今天，而且税收结构也大不相同。[7]

要搞清楚谁来纳税确实存在一些障碍，主要原因是虽然最终由人来纳税，但那些合法地将支票汇给国税局的实体不一定是纳税的人。例如，雇主支付了一半的联邦工资税，而员工支付了另一半。但是，这种区分是毫无意义的：最终，所有工资税都是基于员工的劳动收入而征收的。这些税收在行政上被分为两部分：一部分由雇主支付，另一部分由员工支付；这种行政的划分仅仅是一种法律上的虚构，没有任何经济意义。一般来说，对劳动的征税（如工资税）由劳动者缴纳，对资本的征税（如公司税和不动产税）由相应资本资产的所有者缴纳，对消费的征税由消费者缴纳。一旦人们意识到这一点，尽管需要整理大量信息，但在概念上，将税收分配给实际纳税者就是一项简单的任务。

今天谁缴纳政府税收的问题，不同于如果具体的税收更低或更高，明天经济会如何的问题，经济学家称之为"税负归宿"（tax incidence），相当令人困惑。例如，如果降低公司税率，会发生什么？原则上，许多事情都可能发生变化：公司可能通过提高股息分配或股份回购大幅提高股东收入；可能提高员工工资；可能大幅降低所售产品的价格；可能扩大对工厂或研发的投资。

我们将在本书的后面部分，基于潜在的改革背景讨论"税负归宿"的问题。同时，理解问题的关键在于，决定谁缴纳现行税收，与想象如果这些税收发生变化，世界将会怎样，是完全不同的。如果明天公司税率降低，不管公司可能会怎么做，今天的公司税还是要由股东支付的，而不是任何其他人。[8]

美国的税收制度是累进的吗？

我们现在可以试着回答一个关键问题：当我们解释了贡献于国民收入的所有税收和各种收入形式时，美国真的会使富人比穷人缴纳更多税收吗？

为了解决这个问题，我们计算了2018年，即特朗普总统税制改革的下一年，有效税率（effective tax rates）在整个收入分配中的变化情况。我们把人们分为15个群体：最底层10%的群体（即税前收入最低的2 400万成年人），向上10%的一个群体，以此类推，直到达到最顶端10%的群体，再把最顶端的10%分解成越来越小的群体，直到达到最富有的400个美国人的群体。（聚焦于金字塔顶端是有必要的，因为富人虽然数量很少，但其收入占总收入的很大一部分，因此在潜在的税收收入中也占很大比例。）我们计算每个群体的纳税额，然后除以每个群体的税前收入。[9]通过（计算）构建，2018年所有群体平均支付其收入的28%用于纳税，即美国的宏观经济税率（macroeconomic rate of taxation）。有趣的问题是，有效税率在整个分配中是如何变化的。例如，相对于其支付能力，超级富豪的贡献是否超过了最低工资的员工呢？

简言之，答案是：否。如今，除了那些几乎没有缴纳20%税率的超级富豪，每个社会群体都将其收入的25%~30%作为税款注入国库。美国的税收制度是纳税群体庞大的单一税率制，但在收入顶端，它却是累退的。有观点认为，美国即使没有像欧洲国家征收那么多的税收，至少美国是以累进的方式在征税，但这个观点显然是错误的。

不公正的胜利

更准确地说，工薪阶层是收入分配中的最底层，占比为50%，他们的平均年收入为18 500美元，缴纳的税款约占其收入的25%。对于再上一层的中产阶层，其占比为40%，税率略有上升，而对于中上阶层，税率稳定在28%左右。然后，富人的税收会增加一点，但绝不会大幅超过28%的平均税率。最后，对于400位最富有的美国人而言，缴纳的税率却降到了23%。作为一个群体，尽管他们的个人情况不尽相同，但这个世界的特朗普们、扎克伯格们和巴菲特们缴纳的税率比教师和秘书们还要低。一个被许多人视为累进的税收制度，事实上，怎么会如此累退呢？

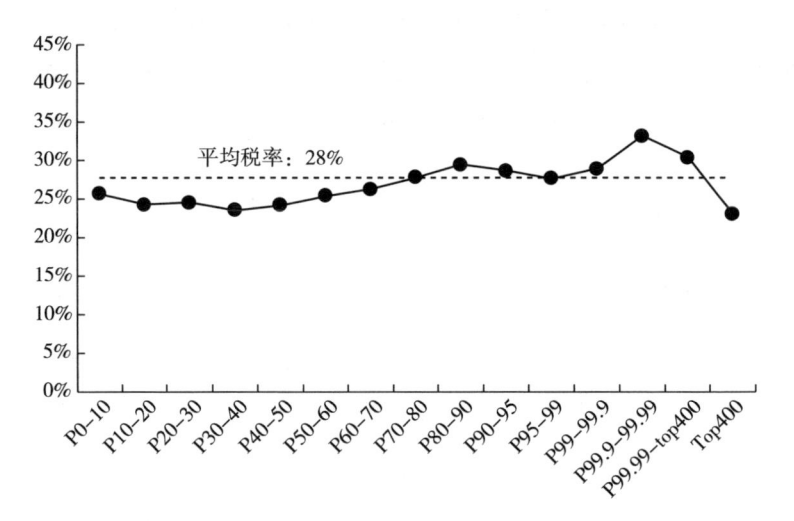

图1.2 美国的税收制度：一个纳税群体庞大的
单一税制，在收入顶端变为累退制
（按收入群体划分的平均税率，2018年）

注：本图描述了美国2018年各收入群体的平均税率。所有联邦、州和地方税收都被包括在内。税收表示为税前收入的比例。P0–10表示收入分配中底部的10%，P10–20表示上一层的10%，依此类推。综合所有税种，美国的税收制度看起来像是跨越各收入群体的庞大的单一税率制，各收入群体的税率相似，但对于收入最顶端的群体，却是更低的税率。详情请见taxjusticenow.org。

14

为什么穷人缴税更多

让我们从收入阶梯的底部开始。尽管处于底部的那些美国人是最不幸、最弱势的，但是他们肩负着沉重的税收负担，这是如何造成的呢？主要是以下两个罪魁祸首。

首先是工资税。每一位处于收入底部10%的员工，不管他的工资多么微薄，都会立刻看到他的工资减少了15.3%：12.4%用于社会保障，2.9%用于医疗保险。同时，最低工资标准已经坍塌：2019年，按照联邦最低工资标准，全职工作的员工年收入几乎不到15 000美元，仅为成年人人均国民收入的1/5。1950年，同样最低工资员工的收入相当于平均国民收入的1/2以上。[10]除了税前收入大幅减少之外，最低工资员工的工资税却在大幅上升，从1950年占收入的3%上升到今天的15%以上。

而其他国家则在一条相反的道路上行进：削减工资分配底部人群的工资税，同时提高最低工资标准。在法国，最低工资增长速度要高于通货膨胀率，2019年达到10欧元（每小时），相当于11.50美元（而美国为7.25美元）。同时，最低工资员工的工资税已从20世纪90年代的50%以上削减到现在的20%以下，这些工资税为包括全民医疗保险在内的广泛的福利制度提供资金。[11]

第二是消费税，这也是导致美国工薪阶层高税率的主要元凶。美国没有增值税，但有大量的销售税和产品税，像增值税一样，使价格更高。而且，还有一个转折点：与常规增值税相比，美国免除了对大多数服务的征税，而对富人而言，服务占据了其整体消费的很高比例。这一转折意味着穷人（对产品）的消费需要缴税，而富人（对服务）的消费基本上是免税的。美国没有增值税；却有穷人的增值税。

您喜欢欣赏歌剧吗？没有销售税。您有乡村俱乐部会员资格吗？没有销售税。您需要律师吗？没有销售税。但是，如果您开车、穿衣服或购买电器，就会一直被征收销售税。诚然，大多数州已经降低了食品杂货店的销售税率，这部分的消费占最贫困人群消费总额的15%左右。但这种慷慨很大程度上被极端累退地对燃油、酒精和烟草征收的产品税抵消。与销售税相比，产品税不取决于产品的购买价格，而只取决于消费量（葡萄酒按升计量，或啤酒按盎司计量）。因此，相对于普通饮料，在高档葡萄酒和啤酒上征收的税率相对较低。

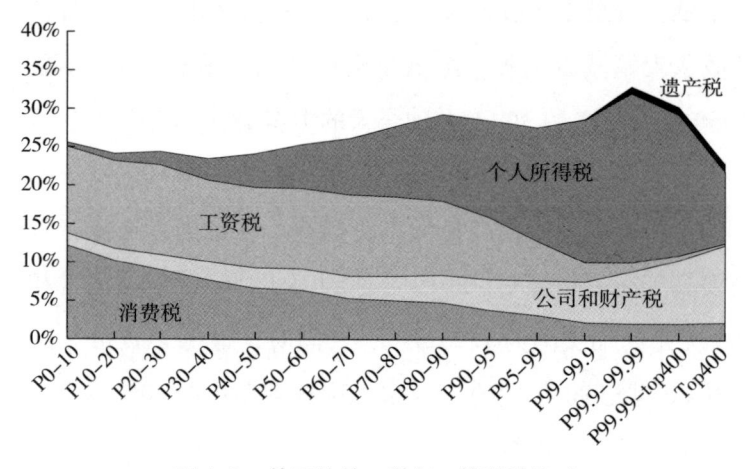

图 1.3 美国的单一税制：按税种构成
（按收入群体划分的平均税率，2018 年）

注：本图描述了美国 2018 年按收入群体划分的平均税率及其税种构成的情况。所有联邦、州和地方税被包括在内。税率表示税前收入的比例。由于消费税和工资税的累退性，工薪阶层缴纳的税收几乎与中产阶层和富人一样多。而超级富豪缴纳的税收却比其他群体更少，因为他们的大部分收入不需要纳税。详情见 taxjusticenow.org。

现有的最佳估算显示，在美国，销售税和产品税加起来是极端累退的。这两个税种从最底层 10% 群体的收入中征收了 10% 作为税款，而在顶层征收的比例只有1%或2%。[12]这种累退性主要源于一个事实：穷人消费了其所有的收入，而富人则会储蓄其收入的一部分（而且超级富豪几乎储蓄了其所有收入：尝试每年花费10亿美元）。但是，对服务的税收豁免也起到了重要作用。那些批评欧洲式增值税的保守派认为，如果在美国实施服务税，这项税收将成为一台无法控制的印钞机，从而将美国变成一个"社会主义"国家。但是，导致他们不悦的原因鲜为人知：与目前陈旧的消费税不同，美国的增值税将会从富人的钱包里掏钱。

尽管销售税是地方税而不是联邦税，但对穷人而言，没有避税天堂：他们的税收负担在各州之间变化不大。尽管一些州征收更低的消费税，或者对杂货店的销售税降低更多，但总体而言，这些州的税收制度是压倒性的累退制。这确实是一个普遍的规则，联邦政府下的各级政府更倾向于实施累退性税收。在联邦政府层面实施累进税要容易得多，因为联邦机构可以获得更多信息和资源，可操作性更强；而且，由于各州之间存在税收竞争，富人可以更容易地跨州转移，而不是跨越国界。正如大多数评论家所做的一样，在分析税负分配时忽视了州和地方税收，结果呈现了另一幅图景，误导了人们。

为什么富人缴税更少

从一开始，累进税就有一个核心目的：抵消消费税的累退性，从而使社会更容易接受税收。在美国，正如我们将在下一章看到的，1913年创设联邦所得税的第一个正当理由就是为了抵消关税的累退影响，当时关税是联邦税收的唯一来源。另一个合理解释是为了抑制"镀金时代"*不平等现象的高涨。

不幸的是,如今的所得税基本上未能实现这些目标,原因有三。

第一个原因是亿万富翁的大部分收入不需要缴纳个人所得税,这也是他们纳税率低的根本原因。正如我们看到的,只有63%的国民收入被纳入所得税的税基,许多形式的收入在法律上是免税的。相当一部分纳税人受益于这些免税政策,但真正富有的人受益更多。对于富豪中的许多人来说,几乎所有收入都是免税的。想想看:马克·扎克伯格真实的经济收入是多少?他拥有脸书公司(Facebook)约20%的股份,2018年脸书公司盈利200亿美元。所以,那一年他的收入是200亿美元的20%,40亿美元。不过,脸书公司没有分配任何股息,因此这40亿美元根本不需要缴纳个人所得税。与其他许多亿万富翁一样,目前扎克伯格个人所得税的有效税率几乎为零。而且,只要他不出售股份,这一税率就将一直保持在几乎为零的水平。

理论上,扎克伯格需要缴纳的唯一一笔可观的税收应该是他在脸书公司所持股份对应的公司税份额。但现在第二个问题出现了:公司税几乎消失了。脸书公司从来没有在缴纳税收方面表现出色,多年来,它通过将利润转移到开曼群岛(Cayman Islands),已经逃避了数十亿美元的公司税。而且,正如我们将在第四章中更详细地看到的,脸书公司并不是唯一一家这样做

---

* "镀金时代"(the Gilded Age)是指美国内战结束后到20世纪初的那一段历史,该阶段是美国对外扩张、经济飞速发展的阶段。随着工业经济迅猛发展,资本主义经济从自由竞争向寡头垄断过渡,大量财富集中于少数垄断资本家手中,大财团、大富豪不断涌现。——译者注

的跨国公司。除避税外，2018年美国公司税的税率从35%大幅下调至21%。结果如何呢？2017—2018年，联邦公司税收入下降了近一半。[13]我们将详细回顾这一发展历程，但值得在这里记录其最直接的影响：低公司税意味着，那些收入主要来自持有公司股份的超级富豪现在真的可以几乎不受任何限制地逃避纳税义务了。

富人纳税少的第三个原因是近些年联邦个人所得税改革。在不到20年的时间里，联邦所得税已经从一个平等对待劳动和资本的综合性税种，转变为一个资本明显凌驾于劳动收入之上的税种。自2003年以来，股息已经从下降到最高20%的税率中获益。这一变化意味着，当像微软这样的公司分配股息时，像比尔·盖茨这样的公司所有者也只需要为这些股息缴纳最多20%的所得税。自2018年以来，医生、律师、顾问、风险资本家等获得的商业收入享受了20%的减免，因此商业收入的最高边际税率为29.6%，而不是对工资收入征收的37%的税率。这是特朗普税收制度改革带来的关键变化之一，也是最具争议的方面之一。事实上，所有经济学家似乎都反对这一改革，特朗普改革真是一个罕见的壮举啊！对于自雇者，减免是不可以的，例如一名成功的独自工作的顾问。但是，对于雇用许多员工或拥有足够多股本的企业产生的收入，减免是不受限制的。例如，相当方便的是，在纽约市拥有和出租摩天大楼的人。[14]

工资是唯一没有从免除、扣减、降低税率或任何其他优惠中受益的收入类别。因此，对于任何收入水平来说，工薪阶层都要比从财产中获得收入的人承担更重的税负。更广义地说，对于相同收入的人来说，由于法律对收入的不同分类（而且经常是专横武断的),就会面临截然不同的税单。过去 20 年来的税收变化已经严重偏离了税收公正的核心原则:收入相同的人应该缴纳同样数额的税收。情况已今非昔比。

破坏美国税收体系的危险因素很简单:资本收入在不同程度上正在变得免税。这一过程并不总是相同的:一些资本税的消亡速度比另一些要快。大型跨国公司利润承担的税负要比国内企业更少。股息收入比利息收入承担更少的税负。根据其财富的属性,富人在不同程度上受益。迄今为止,那些主要收入来自持有大公司股份的超级富豪是最大的赢家。

财阀当政

如果税收制度是巨大的单一税率制,而且带有对超级富豪的优惠待遇,这真的是一个问题吗?我们为什么要在乎呢?有几种方法可以回答这个问题。

首先,我们需要说明的是,我们不会做任何夸大数字的事情(低估富人缴纳的税收)。如果真有什么的话,恰恰相反,我们对美国税收在高收入阶层累退程度的估算可能更趋于保守。我们给每家公司分配了相同的有效公司税率,尽管那些由富人控制的公司有可能,甚至非常有可能逃避更多税收,例如,通过将他们更多的利润转移到离岸避税天堂。如果这是真实的,我们将会高估亿万富豪们缴纳的税收。

我们还应该明确指出,美国整体税收制度的累进程度远低于其初始印象,当然美国也不是唯一如此的民主国家。开展彻底审慎的国际比较是困难的,其原因我们将在第五章中讨论,但最好的证据表明，美国并不孤单：例如，法国的税收制度看起来似乎并没有比美国的更累进。[15]

我们认为，美国税收缺乏累进性有三个原因。

首先，出于基本预算的考虑。即使人们只关注到收入阶梯最顶端的税收变为累退，但是金额还是很大的。目前，处于收入顶端0.001%的群体缴纳的税款占其收入的25%。如果将他们的税率提高一倍至50%，每年将创造1 000多亿美元的税收，那么其他方面的每一件事情也就平等了。这足够使每个工薪阶层的税后收入每年增加800美元，例如，通过降低他们的工资税来增加收入。就美国而言，收入在顶端的极度集中，意味着超级富豪缴纳的税收对政府的整体财政意义重大。

第二个原因相当简单，那就是公平（fairness）。富人们没有缴纳的税收，必须由我们其余的人负担。人们总是可能争辩，每个人都获得了他们应得的市场收入；那些在20世纪六七十年代受到不公平对待的富人，现在正从越来越不受约束的全球市场获得他们应得的回报。我们并不同意这种有时被称为市场原教旨主义（market fundamentalism）的意识形态，但我们必须承认，至少它是一种一致的世界观。然而，什么证据可以证明亿万富翁应该比我们每个人缴纳更低的税收呢？随着他们变得越来越富有，他们缴纳的税收却应该越来越少吗？有什么原则可以证明这种明显反常的情况是正当的呢？

但是，反对美国现行税收制度的最根本原因可能是它助长了不平等的螺旋上升。正如我们看到的，顶端1%富豪的收入占比不断膨胀，工薪阶层的收入占比却已经崩塌。然而，税收制度不仅没有压制这种趋势，反而强化了趋势的蔓延。富人过去缴纳很多税款，现在却很少了。穷人过去缴纳的税款相对较少，而现在他们的税负却增加了。回首过去100年，2018年前400个最富有的美国人适用的税率首次低于工薪阶层（见图1.4）。

这看起来像是财阀当政的税收制度。顶端富豪的税率几乎不到20%，他们在积累财富的道路上一路狂奔，几乎没有任何障碍。随着财富的积累，富人的权力也在不断积聚，包括他们为自身利益影响政策和政府的能力。

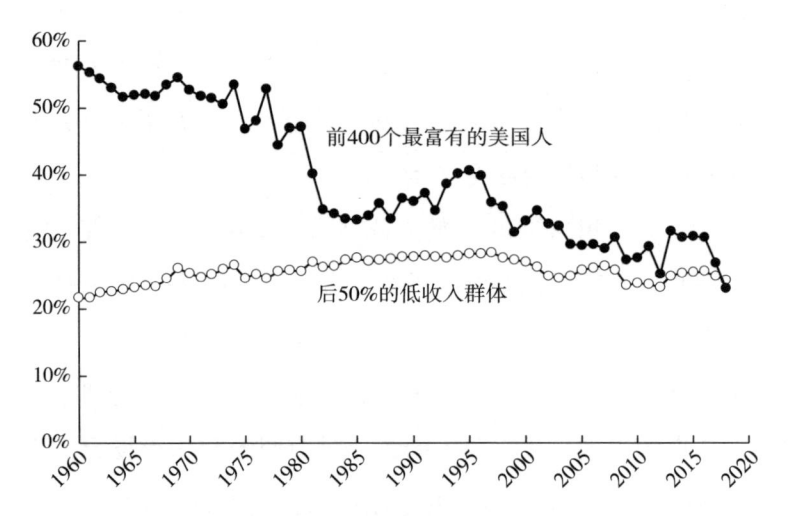

图1.4 美国亿万富翁现在缴纳比工薪阶层更低的税率
（平均税率：收入底层50%群体相对400个最富有的美国人）

注：该图描述了美国自1960年以来收入底层50%群体和400个最富有美国人的平均税率。税率表示为税前收入的比例。在20世纪80年代之前，400个最富有适用的税率远高于底层50%群体的税率。2018年，情况发生反转，底层50%群体的税率首次超过了400个最富有美国人的税率。详情请见 taxjusticenow.org。

根深蒂固的财阀当政会给我们带来很多风险，但我们总是有可能摆脱的。我们可以猜想少数超级富豪是否拥有了很大一部分国家财富，但这是无关紧要的。美国的制度如此强大，所以不可能被特殊利益集团俘虏和操控。从波士顿到洛杉矶，民主将会永远击败财阀当政。当然，民主在过去也已经战胜了财阀当政。民主在南方奴隶主的财阀当政中取得了胜利。民主击退了镀金时代新生实业家的财阀当政。

一个是通过战争获得了胜利；另一个是通过税收革命取得了成功。

第二章 从波士顿到里士满

美国的税收历史不是线性发展的，而是一个戏剧性逆转的故事，一个突然的意识形态和政治变化的故事，一个突破性创新和激进大反转的故事。

从1930年到1980年，美国的最高边际所得税税率平均为78%。从1951年到1963年，最高边际所得税税率高达91%。[1]对美国最富有的群体来说，20世纪中叶大笔遗赠被按照准没收性税率征税，1941年至1976年税率接近80%。

有观点认为，高边际税率作为一项政策曾经取得了成功，但一些评论家回顾这段历史时，却驳斥了这一观点。他们认为，实际上几乎没有人完全纳税，而且漏洞也是大量存在的。按照这种观点，美国似乎已经对富人征税了，但从未真正征过税。

那么，美国的超级富豪曾经为国库贡献过他们的大部分收入吗？如果是的话，那么这仅仅是在世界大战的背景下产生的吗？还是累进税已然超越战争之外，反映了对正义与不平等之间更广泛的选择，而这些选择可能仍然影响着今天的税收讨论？为了解决这些问题，我们必须考虑全面、长期的证据，说明对不同群体征收的有效税率的演变。通过将上一章中的计算追溯一个多世纪，我们将会看到过去美国税收制度究竟有多么累进。我们也将看到美国如何在世界历史上率先推行了一些至关重要的累进性财政创新，往往也为其他国家推行类似的创新铺平了道路。

当然，除了"法国模式"或"日本模式"之外，没有一种"美国模式"的征税。每个国家都会有其特定的发展轨迹，需要不断实践和完善制度，也会有突破和倒退。与其他国家一样，美国财政史与不平等的发展动态、私有财产的信仰转变以及民主的进步有着深层联系。透过这段历史之窗，我们可以更深刻地了解如今变革所需的条件。

17 世纪财富税的发明

自从他们来到新世界（the New World）以来，从新罕布什尔州到宾夕法尼亚州，北方殖民地的定居者们就一直致力于确保富人要对公共支出做出贡献。17 世纪，他们在当时可信的现代税制中发展起来。其关键创新是什么？是向财富征税。不仅像英国当时已经做的那样，向房地产和土地征税，而且也向所有其他资产征税，从金融资产（股票、债券、贷款工具）到牲畜、存货、船舶和珠宝都要被征税。

早在 1640 年，马萨诸塞殖民地就对所有形式的财产征税。[2]尽管估值方法随着时间和州的不同而有所不同，但一般原则认为，应使用现行市场价格评估每项资产的应纳税价值。当市场价值不易获得时，由选出的当地评估员估算，或通过对资产产生的收入乘以一定倍数计算。例如，在马萨诸塞州，年租金 15 英镑的房子被认为价值 90 英镑（6 年的收入），并于 1700 年按此征税。

可以肯定的是，按照今天的标准，殖民地的税收制度并不完美，甚至不公正。他们的财富税有着严重的局限性，不仅税率低，而且不是累进税。一些给穷人带来过度税收负担的税种作为财富税的补充，如进口税、人头税（对每个人按单一税率征收）。一些殖民地，如纽约，更多地依靠累退性消费税而不是财产税来资助公共支出。

但总的来说，当时北方殖民地的税收制度异常累进，要比欧洲的更先进、更民主。以旧世界人口最多的法国为例。当马萨诸塞州认真地尝试对富人征税时，法国国王却宠爱富人，压迫民众。法国有一种臭名昭著的所得税（*taille*），它几乎豁免了所有特权群体：贵族、神职人员、法官、教授、医生，以及包括巴黎在内的大城市居民，当然还有被称为税农（*fermiers généraux*）的税收员自己。与此同时，最贫困的社会成员不仅要承担沉重的盐税（可怕的 *gabelle*），还要承担进入城市的各种商品（包括食品、饮料和建筑材料）的税负（*entrées and octrois*）。由于每个人都需要食物和盐（这是在出现冷藏之前），在旧世界（the Old World）形成税收支柱的消费税远不如新英格兰的财产税具有累进性。[3]

新世界的两面性

北方殖民地的税收制度也比南方更具累进性。在内战爆发之前，弗吉尼亚州作为南方最大的殖民地，其税收制度基本上包括人头税和无数对生活必需品的征税。当马萨诸塞州为了给每一种财富形式分配价值而发展出一套详尽的税收体系时，弗吉尼亚州并没有在此方面做出任何努力。那么，主要的税收收入来源是什么呢？除了对烟草、牛、马、马车轮子的数量、台球桌征税，还有人头税。[4]18世纪，托马斯·杰斐逊（Thomas Jefferson）家乡的税收比路易十六时期的法国还要古老。没有所得税，财产税也只限于土地。

与北方一样，各州之间的税收政策存在差异，但总体而言南方税收的累退性更强。历史学家罗宾·艾因霍恩（Robin Einhorn）在其专著《美国税收，美国奴隶制》（*American Taxation, American Slavery*）中展示了这种落后与奴隶制之间的深层联系。一种恐惧始终困扰着南方奴隶主：非奴隶主占大多数，他们将用税收破坏并最终废除"特殊制度"。他们特别害怕对财富征税，当时南方各州中，40%的人口被视为财产，财产税是对作为奴隶主的种植园主的巨大威胁。他们不知疲倦地反对这种税收，两个世纪以来，他们挥舞着权力使税收和公共机构陈旧而无用。怎么做呢？扼杀民主。

17世纪和18世纪，弗吉尼亚州民选地方政府被取代，实行了一种地方寡头自治的体制。公共职位采用终身任职，并由种植园主代代相传；郡法院成员要根据现任者的推荐来任命。当弗吉尼亚州的种植园主没有任命自己为税务员时，他们就会贿赂承担这份工作的任何人。当财产税最终出现时，土地所有者就会自我评估土地的价值。不出所料，他们使用了低得离谱的价值。直到1851年，弗吉尼亚州的选民才首次选举了他们的州长。

"美国人讨厌税收！这是在他们的基因里的！"你一定听过很多次这种反税言论，一些反复出现的陈词滥调：1773年的波士顿茶党事件（Boston Tea Party）作为一场税收起义，是美国关键的奠基性政治运动之一。与欧洲人相反，美国人相信个人责任，相信向上流动，相信每个人都能通过努力工作和聪明才智攀上社会阶梯的顶端。在美国，穷人认为自己是暂时尴尬的百万富翁。[5]因此，这种逻辑认为，美国讨厌税收，只有在"饿死野兽"*（starving the beast）的时候才是真正的美国。

艾因霍恩教导我们，为了追溯这些陈词滥调和花言巧语的源头，不要看马萨诸塞州的波士顿，而要看弗吉尼亚州的里士满。不要看那些渴望自由的普通人，而要看那些为捍卫自己巨额且不稳定的财富而斗争的奴隶主。他们也许比任何其他社会群体都更热衷于构建反政府的信仰体系，而这种信仰体系以各种形式充斥着美国历史。他们信奉私有财产的至高无上，即使私有财产中包括人，也在所不惜。他们痛斥"追根溯源"的所得税和财富税的罪恶，这些税种允许税务人员"入侵"私人住宅。他们援引了隐约可见的"多数人暴政"（tyranny of the majority），指出"多数人暴政"正试图对小部分富有的公民"强取豪夺"。虽然美国反政府情绪的原因是复杂的，但在过去几个世纪里，几乎没有人比南方奴隶主在完善反税言论方面做得更多。

内战爆发后，这种对税收和民主政府的长期反感严重阻碍了南部邦联（Confederate states）的发展。因为它们主要依赖关税，当北方美利坚合众国（the Union）封锁了南部港口时，它们的财政收入暴跌。由于缺乏对收入和财富征税的经验，南部邦联无法弥补损失的税收收入，所以不得不依靠债务来资助对北方美利坚合众国的战争。随着南部邦联政府发行越来越多的债券，其通货膨胀也急剧上升。

---

* "野兽"一词是指美国政府和投资项目，特别是一些社会项目，如福利、社会保障、医疗保险和公立学校等；通常与军费、执法或监狱的开支无关。——译者注

相比之下，北方美利坚合众国是以直接税（direct taxation）的现行传统为基础来资助战争的。1862年的《税收法案》建立了国税局（Internal Revenue Bureau）。同年，第一个联邦所得税被征收，对600美元以上的收入按3%的税率征税，对5 000美元以上的收入按5%的税率征税。[6] 600美元的免税门槛相当于国家平均收入的4倍左右，相当于今天的25万美元。[7] 因此，尽管税率很低，但税收是累进的。1864年的《税收法案》将收入超过600美元的税率提高到5%，收入超过5 000美元的税率提高到7.5%，收入超过10 000美元的税率提高到10%，相当于今天的300多万美元。这项法律要求公开披露所得税的缴纳情况，1865年，《纽约时报》头版刊登了纽约财富精英的收入：威廉·阿斯特（William B. Astor）披露收入130万美元（是当时平均收入的5 200倍，相当于今天的4亿美元）；科尼利厄斯·范德比尔特（Cornelius Vanderbilt）收入576 551美元（相当于如今的1.7亿美元），等等。[8] 北方美利坚合众国仍然需要大量借贷以资助战争，结果也导致了通货膨胀加剧，但情况远远好于南部邦联。[9]

当所得税违宪时

1865年废除奴隶制后，富有的实业家借助奴隶主的陈词滥调痛斥内战期间创设的所得税。他们重新利用并提升了南方寡头对干涉私人财产之恶的花言巧语。1871年，反所得税协会（Anti-Income Tax Association）在纽约成立。这个协会汇集了当时拥有巨额财富的一些人：威廉·阿斯特、塞缪尔·斯隆（Samuel Sloan）、约翰·皮尔庞特·摩根（John Pierpont Morgan Sr.）等。[10]

不公正的胜利

该协会的努力是成功的：尽管战后所得税税率已经被国会削减，但是厄运难逃，所得税在1872年被废除。在内战后的重建时期（Reconstruction era）和随后的镀金时代，虽然改革者们经过了多次努力，但1913年之前所得税可谓几经沉浮，命运多舛。

19世纪末，努力重新实施累进税制具有两个主要的合理性。首先，联邦税收制度中存在明显的不公平。从1817年到内战爆发，国会只征收了一种税：进口货物的联邦关税。除了1861年推行的累进所得税外，内战期间几乎所有东西的产品税都在激增：奢侈品、酒、台球桌、扑克牌，还有公司、报纸广告、法律文件、制造业商品等。一些新创设的内部税（internal tax）——那些对国内消费征收的税，与关税［一种外部税（external tax）］相对应——在南部邦联失败以后被废除，但是其他一些税种被保留了下来。1880年，内部税收入占联邦政府税收收入的1/3，其余2/3来自进口关税。[11]在这两种情况下，联邦税收的负担沉重地压在穷人肩上。在成功地废除了联邦所得税之后，镀金时代的富豪们几乎没有缴纳任何联邦税收；几乎所有的联邦政府收入都来自消费者。

第二个促进人们努力推行改革的事态是与众不同的，那就是不平等的激增。随着工业化、城市化和卡特尔化的迅速发展，人们不可能不注意到财富越来越集中。经济学家努力量化这些不平等。1983年，农业部统计学家乔治·霍姆斯（George K. Holmes）利用1890年人口普查数据和同期百万富翁家庭名单，估算出前10%家庭拥有的财富占全国财富的71%以上。[12]其他人也得出了类似的结果。[13]相比美国内战前，不平等程度大幅提升，当时前10%群体拥有的财富不到总财富的60%。当然，对19世纪财富集中度的估算也有误差。[14]那就是，由于缺乏任何联邦所得税或财富税，估算不平等的主要资料是受限的。随着不平等现象的加剧，上层社会也出现了不断增长的需求，那就是对不平等现象的否定。经济学家们歪曲了事实，他们的统计数据是错误的。但对于任何关注此事的人来说，毫无疑问，一场戏剧性的发展正在进行中。

实施累进税的依据不断增多。许多经济学家，突出代表是哥伦比亚大学的教授埃德温·塞利格曼（Edwin Seligman），解释了为什么所得税是"在更正义的道路上充实现行税收制度"的必要步骤。[15]为了重新恢复累进所得税，法案被提交到国会，而这通常发生在经济危机之后，如1873年和1893年经济危机。累进所得税立法方面的努力得到了一个新兴进步民主联盟的支持，该联盟代表了美国南部白人，以及来自东北部和西部的穷人和中产阶层白人选民。而他们遭到了南方精英和北方实业家新联盟的反对。对于富裕阶层来说，所得税是为了取悦"西方煽动者"而进行的"审判官式的""阶级立法"，它侵犯了隐私权。纽约参议员大卫·希尔（David Hill）认为，可能更糟的是，它不是"美国的"，而是由"欧洲教授"进口的。[16]

尽管如此，1894年国会还是通过了一部所得税法案，收入超过4 000美元适用2%的税率，这大约是当时成人人均收入的12倍，相当于现在的90万美元。随后的辩论围绕着联邦所得税是否符合宪法的问题展开。根据宪法，直接税必须按各州人口分摊。例如，如果10%的美国人口居住在纽约州，即使1/3的国民收入来自纽约州（19世纪末的情况大致如此），即使大多数应纳税个人（收入超过4 000美元的人）居住在纽约州，也必须只能从纽约州征收10%的税收。1894年和1862年的所得税都没有在各州之间分摊，因为分摊所得税是荒谬且毫无意义的：这将迫使政府在富人聚集过多的州（如纽约）对富人征税很少，从而失去了实施累进所得税的全部意义。

尽管宪法规定直接税是分摊的，但它并没有定义"直接税"这个词。1787 年 8 月 20 日，费城会议期间的一个著名时刻，马萨诸塞州的代表鲁弗斯·金（Rufus King）问道："直接税的确切含义是什么？"没有人回答。联邦所得税是直接税吗？或者直接税只是指人头税和对土地的征税吗？1895 年，最高法院处理了这个问题。在波洛克诉农民贷款及信托有限公司案（Pollock v. Farmers' Loan and Trust Company）的裁决中，法官宣布联邦所得税是一种"直接税"，因此必须按人口在各州之间分摊。这一裁决意味着1894 年的所得税法案是违宪的，直接导致了它的废除。在镀金时代剩下的岁月里，联邦政府的所有收入都来自关税和烟酒的产品税。

累进税诞生了……

在波洛克案裁决之后，只有在宪法改变的情况下才有可能设立累进所得税。1909 年国会两院以 2/3 的选票通过了宪法第十六修正案，1913 年 3/4 的州正式批准了该修正案，这是修改宪法必需的两个步骤，1913 年障碍得以清除。修正案中写道："国会有权对任何来源之收入课征所得税，而无须在各州之间分配。"同年，联邦所得税颁布。

美国并没有开创累进所得税。在 19 世纪末 20 世纪初，这一政策的兴起是一种国际现象。在 19 世纪 70 年代到 90 年代之间，

第二章 从波士顿到里士满

德国、瑞典和日本是第一批创设累进所得税的国家，但并不是出于为紧急战争提供资金的目的。英国迅速效仿。美国的创新之处在于迅速提高了所得税的累进性。1913年，美国所得税的最高边际税率是7%。早在1917年就达到了67%。在这一点上，世界上没有任何国家对富人征收如此重税。

税收累进性大幅提高的原因是多方面的。[17]在第一次世界大战期间，人们希望阻止战争暴利，而这种暴利在内战期间已经使许多人暴富。为了防止这种"劣质贵族"再次出现，战争期间征收了超额利润税。起初这只涉及军火工业；后来在1917年4月美国参战后，税收扩大到所有公司。公司有形资本（建筑、厂房、机器等方面）的收益率8%以上的所有利润都被认为是非正常利润。1918年，非正常利润被按照高达80%的累进税率征税。

尽管这起到了一定的作用，但战争环境似乎并不是美国税收累进性上升的主要动力。没有任何参战的国家会热衷于鼓励在战争中牟取暴利；每个参战国都对其国内企业征收了超额利润税。但没有一个国家像美国那样，大幅提高了其最高边际所得税税率（尽管英国很接近）。美国累进税的兴起不仅仅是特殊战争环境的产物，更源于19世纪八九十年代开始的知识和政治变革：代表南方残酷的种族隔离主义者的民主党不断演变，渴望通过一个平等主义的经济平台将北部和西部的低收入白人团结起来，对抗共和党的金融精英；在不平等和工业集中不断加剧的背景下，社会动员（social mobilization）*支持更多的经济公正。简单来说，越

---

* 社会动员是汇集所有社会和个人影响的过程，以提高对某些社会问题的认识和需求，协助提供资源和服务，培养可持续的个人和社区参与。——译者注

来越多的人拒绝看到美国变得像欧洲一样不平等，当时的欧洲被视为寡头政治的反面典型。[18]经济学家欧文·费舍尔（Irving Fisher）洞察了这种思维的倾向，在1919年美国经济学会（American Economic Association）的演讲中谴责了"财富的非民主集中"（undemocratic concentration of wealth）。[19]

正因为如此，和平时期，美国开创了20世纪两项关键的财政创新。

第一项创新举措是大幅提升财产税的累进性。正如我们看到的，到21世纪初，美国各州已经有了支持财产税的长期历史。但这些财产税有一个主要的局限：它们不是累进的。同样的税率适用于所有的财产所有者，而不管他们的财富如何。19世纪，人们曾努力促进这些税收累进，但由于各州采用了"统一条款"，规定所有资产，无论资产属性如何（例如，实物或金融资产）或其所有者的财富多少，均按相同税率征税，这些努力都失败了。[20] 1916年，联邦政府推出了自己的累进财产税，其形式是对死亡后的财富进行累进征税，即联邦遗产税。其税率最初是温和的：1916年就最大的遗产而言，最高税率达到10%；在第一次世界大战期间，税率略有上升，20世纪20年代末稳定在20%。

1931—1935年，情况发生了变化，当时适用于顶级富豪的税率从20%跃升至70%。从1935年到1981年，税率一直徘徊在70%~80%的范围内。20世纪没有一个欧洲大陆国家曾经以超过50%的税率，对（从父母到子女）大量的继承直接征税。唯一的例外是1946—1948年德国被盟军占领期间，当时的税收政策是由美国人决定的，强制按照60%的税率征税。[21]

第二个税收政策创新具有更深远的影响。从创立到20世纪

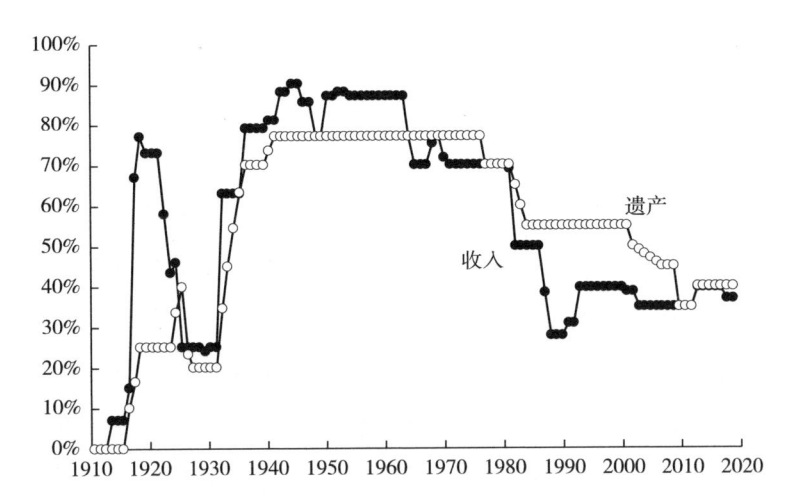

图 2.1 当美国以超过 90% 的税率对高收入征税时
（法定最高边际税率）

注：本图描述 1913 年以来美国联邦个人所得税和联邦遗产税的最高边际税率。从 20 世纪 30 年代到 70 年代，美国的最高边际所得税税率和遗产税税率均超过 70%，是西方国家中最高的（与英国一样）。详情请见 taxjusticenow.org。

30 年代，所得税的目标一直是征税。税收迫使富人按其支付能力同比例向国库纳税。富兰克林·罗斯福（Franklin Delano Roosevelt）当选总统后，增加了一个新目标：确保每个人的收入都不超过一定数额。简而言之，没收超额收入。1936 年，他将最高边际所得税税率提高到 79%，1940 年提高到 81%。第二次世界大战期间，最高税率接近 100%。

1942 年 4 月 27 日，罗斯福在给国会的信中最充分表达了他的思想："应该缩小个人收入贫富之间的差距；因此，我认为在国家危难的严峻时期，所有超额收入都应当贡献出来使我们赢得战争，任何美国公民在纳税之后，每年的净收入都不应该超过 25 000 美元。"对 25 000 美元以上的净收入将征收 100% 的税，相当于今天的 1 000 000 美元以上，不仅对工资征税，而且针对所有收入来源征税，包括免税证券的利息。国会认为100%的税率过高，而将最高边际所得税税率定为94%。国会还制定了限制平均税率的机制，使实际缴纳的税收不超过收入的90%。

罗斯福执政前的70年，内战期间有62万士兵阵亡（大约相当于美国在两次世界大战、朝鲜战争、越南战争、伊拉克战争和阿富汗战争中全部阵亡人数的总和），该期间关于如何向富人征税的讨论涉及的税率在0%~10%。而罗斯福执政期间讨论的问题是，90%或100%的税率是否更恰当，如果提升税收累进性有必要的话，那么证据更多地与20世纪早期的政治变化有关，而不是出于战争需要。从1944年到1981年，最高边际所得税税率平均为81%。

这些准没收性最高税率只适用于异常高的收入，相当于超过今天的几百万美元。例如，1944年94%的最高边际税率只适用于200 000美元以上的收入，相当于每个成年人人均国民收入的92倍，也就是今天的600多万美元。以今天的美元计算，收入超过120万美元的，适用72%~94%的税率。但在该水平之下，税收与现在的典型情况是一致的。如今数十万美元的收入按25%~50%的边际税率征税。

自内战以来，累进税收的反对派发现了一种有效的策略，那就是假装中产阶层承受了本应只涉及超级富豪的税负。但除了超级富豪，没有人会受到美国没收性最高税率政策的影响。中上阶层当然从来没有。

正如罗斯福在递交国会的信中清晰阐述的，美国倡导的准没收性最高边际所得税税率旨在减少不平等，而不是征税。如果所有额外收入都捐给了国税局，为什么会有人试图赚取超过100万美元的收入呢？没有人会签订工资在100万美元以上的劳动合同。没有人会积累足够的财富来获得超过100万美元的年资本收入。达到那一点后，富人就会停止储蓄。一旦超过那个门槛，他们很可能会把资产交给继承人或慈善机构。因此，罗斯福的政策目标是显而易见的：减少税前收入的不平等。近半个世纪以来，美国和任何一个民主国家都很接近，曾经强制实施法定的最高收入。

高水平的最高税率，低程度的不平等

一直以来，有一个延续罗斯福时代政策的正当理由，那就是极端的高收入很大程度上是以牺牲其他社会成员利益为代价获得的，战争期间这种情况是很明显的，当时军火商在大众参战时蓬勃发展。但在和平时期，当金字塔顶端的收入来源于利用垄断地位、自然资源租金、权力失衡、无知、政治优待，或其他零和经济活动（我们将在下一章研究其中一个来源，即避税行业）时，情况同样如此。在这种情况下，没收性最高边际所得税税率并不会减少经济蛋糕的规模；只是缩小了富人分得蛋糕的份额，从而一对一地增加了其他社会成员的收入。[22]

当然，我们可以讨论这种观点的优劣，以及今天回到90%的最高边际所得税税率是否有意义，这个想法我们将在第八章讨论。但是，为了开始考虑这样一个提议，我们首先必须解决一个基本问题：罗斯福的税收政策是否奏效？它真的降低了税前收入的集中度吗？

有迹象表明，从20世纪40年代到70年代，很少有纳税人向国税局申报巨额收入。只有几百个家庭适用于最高的没收性税率。财政收入的不平等被瓦解了，也就是向税务机关申报收入的不平等消失了。战后几十年里，收入前0.01%的人贡献的财政收入达到了历史最低点。从1913年开征所得税到1933年罗斯福就职，这一群体平均每年贡献2.6%的财政收入。从1950年到1980年，这个数字下降到平均0.6%。[23]从税收数据看，毫无疑问，罗斯福的政策达到了目的。

但是，如果税收数据具有误导性呢？毕竟，富人们有可能在国税局视线之外找到很多收入的避风港。也许他们会用合法或非法伎俩逃避最高边际税率。如果我们将这一思路推向极致，就有可能想象，美国的不平等从未真正下降，或者至少不是税收统计数据显示的那样。如果顶级收入群体在财政收入中所占份额的巨大波动是避税造成的错觉怎么办？

显然，不假思索地对这个论点置若罔闻是错误的。作为一种理论，它有着直观的吸引力：当最高边际税率很高时，富人有理由试图隐瞒他们的收入。如果他们成功了，那么不平等可能不会减少多少。重要的经济现象很少会轻易地自我揭示，例如到底有多少不平等存在；它们必须通过耐心而科学地构想来揭示，而且没有任何科学是一成不变的。衡量不平等的最佳方法是跟踪所有形式的收入，包括那些不必向国税局申报的收入，如公司的留存利润、免税债券赚取的利息等。换言之，我们将国民总收入分配给各个不同的收入群体，就像我们在前一章中对最近几年所做的那样。

这一举措呈现的景象很大程度上印证了财政收入数据的结论。从20世纪30年代到70年代，国民收入的不平等程度确实有所下降，当时极端的高收入按准没收性税率征税。与简单地阅读所得税统计数据相比，这一下降幅度确实要小一些，主要是因为公司留存收益在战后几十年有所上升，在20世纪60年代达到了国民收入的6%左右。当利润没有被分配时，它们就不会出现在股东的个人所得税纳税申报表上，因此会导致观察家们低估了不平等的真实程度。当他们被征收税率高达91%的个人所得税时，一些富有的股东会指示他们的公司将利润再投资（免缴个人所得税），而不是分配股息（需要缴纳个人所得税）。

但即使将留存收益和所有其他形式的未征税收入计算在内，20世纪30年代至70年代，收入集中度也确实大幅下降了。[24]美国前0.01%群体赚取的收入占税前国民总收入的比例从大萧条前夕的4%以上下降到1975年的1.3%，这是有史以来的最低水平。确实，一些公司的利润是免税的，但这些金额并没有人们想象的那么大。在20世纪60年代，留存收益是相当可观的（占国民收入的6%），但与长期的典型情况相比并无任何不相称之处，例如，自21世纪初以来公司留存收益一直占国民收入的5%。当股息税率较高时，留存收益并不是很大，原因是多方面的。分配政策不一致是很棘手的：一旦一家成熟企业开始向股东分配股息，除非该企业濒临破产，否则很少会出现逆转。第二次世界大战后，通用电气（General Electric）、杜邦（DuPont）、埃克森美孚（Exxon）等巨头公司确实派发了巨额股息。股东们宁愿赚取现金，也不愿让利润留在大公司里，因为总有一种风险，那就是公司经理们会将这些未分配利润用在一些不可靠的投资上，白白挥霍掉这些利润。高额的未分配利润也会导致工会的攻击和诟病，20世纪50年代和60年代工会拥有很大的力量，它们会要求增加员工工资。

总体而言，没有迹象表明，在哈里·杜鲁门和德怀特·艾森豪威尔总统执政时期，财政数据远远低估了富人的富裕程度。事实上，对任何生活在20世纪50年代的人来说，富人的世界已经发生了明显变化，而且变化方式并不友好。1955年，《财富》杂志刊登了一篇题为《高管如何生活》的文章，[25]读起来令人心碎。"一位成功的美国公司高管大约早晨7：00起床，吃一顿丰盛的早餐，然后乘火车或驾车赶往他的办公室……如果他是一位高管，他赖以为生的经济条件与下一个低收入阶层的人没有太大的不同。"为什么呢？"25年已经显著地改变了高管的生活方式；1930年，普通商人都会受到经济风暴的冲击，但他还没有受到所得税的打击。高管仍然过着由奢侈品装点的生活，这是其他人无法支付的……如今，高管的家可能是朴实无华的，相对较小，可能只有7个房间和2个半浴室。"更糟糕的是，"大型游艇也已经在累进税的海洋中沉没了。1930年，弗雷德·费舍尔、沃尔特·布里格斯和阿尔弗雷德·斯隆乘坐235英尺长的游艇巡游；J. P. 摩根刚刚建造了他的第四艘大游艇（343英尺）。而如今，75英尺就会被认为是一艘很大的游艇了。"

艾森豪威尔执政时期富人的平均税率：55％

富人不仅见证了他们的收入受到限制，而且在收入减少的情况下，他们纳税的有效税率也很高。

图2.2显示了1913年以来收入前0.1%的群体缴纳的实际税率，包括向各级政府缴纳的所有税收。如今，正如我们看到的，美国的税收体制基本上是一个庞大的单一税率税制：最富有的人几乎不会比中产阶层缴纳更多税收（事实上，越接近顶层，纳税

就越少)。半个世纪前，情况看起来完全不同。相较今天而言，美国的工薪阶层和中产阶层缴纳更少的税收，因为工资税是比较低的。而另一方面，富人需要缴纳更多的税收。从20世纪30年代到70年代的40年间，富人支付其收入的50%以上用于纳税，超过了后90%的美国人的3倍。20世纪50年代初，收入前0.1%的群体缴纳的平均税率达到60%，而且，在艾森豪威尔的两届总统任期内保持在55%左右。在此期间，美国的税收制度无疑是累进的。

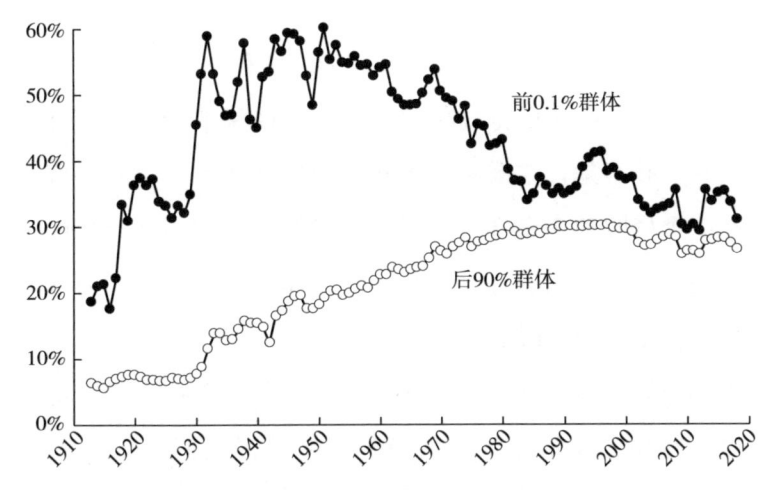

图2.2 艾森豪威尔执政时期富人的平均税率为55%
(平均税率：前0.1%收入群体相对于后90%收入群体)

注：该图描述了美国自1913年以来，后90%和前0.1%收入群体的平均税率。税收包括各级政府（联邦、州和地方）的所有税收。税率表示为税前收入的比例。历史上，美国实行累进税制，前0.1%收入群体要比后90%收入群体缴纳更多的税收。而近几年来，后90%收入群体缴纳的税收几乎相当于前0.1%收入群体缴纳的税收。详情请见 taxjusticenow.org。

这些高有效税率是如何实现的？

首先，控制避税。下一章我们将探讨20世纪避税的变化。但在现阶段重要的是认识到，允许民众或企业逃税很大程度上是政府的选择。在战后几十年里，政策制定者选择与逃税和避税斗

不公正的胜利

争；我们很快就会看到如何做到这一点。

但美国税收制度之所以如此累进，更根本的原因在于对公司利润征收重税。在所有资本主义社会中，最富有的人们从公司股份中获得大部分收入，公司所有权是真正的经济和社会力量。当公司利润被严格征税时，就相当于要求富人为国库做贡献。即使当公司被要求限制分配股息时，也是如此，因为公司税是对再投资或分配股息前的利润征收的。但实际上，公司税是对富人征税最低的税种。

从1951年到1978年，公司利润的法定税率在48%到52%之间。与上封顶的个人所得税税率不同，这些税率适用于所有公司利润。它们并不是旨在遏制寻租和抑制过高收入的边际税率，而是旨在产生税收收入的单一税率。在20世纪50年代和60年代初，适用于公司利润的有效税率接近50%。在美国，公司赚取的利润中有一半直接归政府所有。

正如我们看到的（见图2.3），在20世纪中叶，美国正是通过公司所得税，而不是个人所得税，促使富豪们对国库做出贡献。从设计上看，很少有人适用于90%的个人所得税最高边际税率。但实际上，所有股东在公司利润中所占的份额都面临着50%的有效税率。在战后几十年里，公司的所有权仍然高度集中在少数人手中（这是在养老金计划一定程度上扩大了所有权之前），而且公司利润很高，因此公司所有者赚取了很多收入。公司把一半的利润作为税收直接向国税局缴纳。不管分配股息并扣除税收后还剩多少，许多公司都会向股东分配股息，而这些股息适用的税率高达90%。

这看起来像是一个不在乎对富人征税之国实行的政策吗？

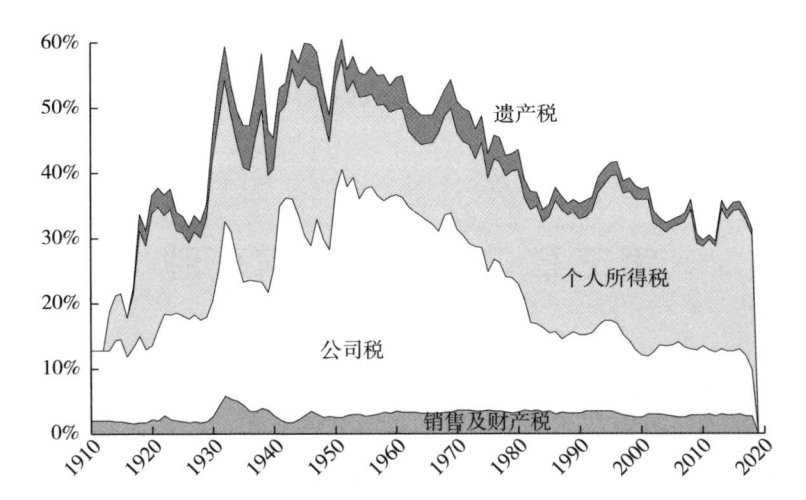

图2.3 公司税对富人的关键作用
（前0.1%群体的平均税率）

注：该图为美国1910年以来，前0.1%群体缴纳的平均税率及其按税种分类的纳税构成，包括所有联邦、州和地方税收。公司税包括商业不动产税（而住宅不动产税与销售税归为一类）。对于前0.1%收入群体而言，其适用税率的主要推动因素是公司所得税，从20世纪30年代到70年代中期，公司所得税规模很大，但此后持续下降。详情请见 taxjusticenow.org。

第三章　不公正如何获胜

10月是美国首都华盛顿气候最宜人的时节，微风轻拂，天空湛蓝，人们感受着深秋"小阳春"的美好。在宾夕法尼亚大道的白色大理石纪念碑前，橘色和红色的树叶在暖阳的挥洒下闪闪发光。白宫南草坪上，大约24名参议员和两党代表围在一起，罗纳德·里根坐在一张小木桌旁，手里拿着一支钢笔，兴高采烈。

里根总统已将大幅降低税率的税收改革作为其第二任期的首要内政。1986年10月22日，由于即将签署《税制改革法案》（Tax Reform Act），他有理由感到高兴。从1988年1月1日起，率先对高收入实施准没收性税收的美国将适用在工业化国家中最低的最高边际所得税税率：28%。经过三个星期的辩论，这部税收法案在参议院以97比3高票通过。民主党人泰德·肯尼迪（Ted Kennedy）、艾伯特·戈尔（Al Gore）、约翰·克里（John Kerry）和约瑟夫·拜登（Joe Biden）都热情地投了赞成票。

这部法案本身并没有受到公众的特别欢迎,[1]但它在全国政治和知识精英中获得了无以言表的热情支持。对他们来说，这代表着理性的胜利，代表着共同利益战胜特殊利益的胜利，代表着一个新的增长和繁荣时代的开始。时至今日，尽管该法案已被广泛认为是导致不平等现象激增的关键因素之一,[2]但仍被所有参与起草的人深深铭记。对于那些工作于美国大学的典型经济学家来说，宣扬该法案的优点几乎成为一种职业责任。[3]

一个几十年来一直对高收入者征收90%税率的国家，在20世纪80年代中期，政府怎么会认为28%的税率反而更可取呢？这种巨大的逆转一定程度上反映了6年前促成里根竞选胜利的政治和意识形态的显著变化。共和党将全国各地的高收入选民和南方白人联合起来，重新激活内战前南方的反税言论并使之更适应现代社会。小政府思想由1947年创立的朝圣山学社（Mont Pelerin Society）支持，在巴里·戈德华特（Barry Goldwater）的1964年总统竞选中崭露头角，然后于20世纪70年代由保守派基金会推进，最终蔓延到主流思想，并在政治上取得了胜利。[4]在这一思想体系中，政府的首要职责是捍卫财产权利，而增长的关键引擎是利润最大化的企业，同时要最小化征税。根据这一世界观，[5]世上根本就没有"社会"这么一说，只有单个的男性、女性。对于一盘散沙的个体而言，税收一无所用；它相当于合法的盗窃。

而且确实，里根在白宫的草坪上发表了演讲，法案的签署也已就绪，他谴责了已经变得"非美国"的税收制度；税收制度"激进的累进性深深刺痛着个人经济生活的核心"。相反，新的税收法案是"美国国会有史以来最好的就业创造计划"。

但仅凭这些条件，里根的税制改革恐怕不会在民主党控制的国会获得通过，更不用说在参议院获得如此压倒性的多数通过。它的胜利背后还有其他因素。根据里根和支持该法案的民主党人的说法，立法者别无选择。所得税的混乱已经令人望而生畏，并且滥用猖獗。鉴于这种情况，政府能做的就是大幅削减税率，同时堵住漏洞，以弥补税收损失。

1986年的《税制改革法案》说明了累进税收是如何消亡的。其消亡不是被选民意志击倒，而是民主的消亡。纵观累进税收的绝大部分倒退，我们发现了相同的模式：首先是逃税的爆发；接着，政府就会哀叹，对富人征税已经不可能，而后大幅降低税率。要想了解税收的历史和税收公正的未来，关键是要理解这种螺旋式的变化，避税首先是如何上升的？政府为什么不阻止？

文明社会的代价

在经济学家简化的世界里，税收执法是简单明了的：频繁审计的威胁、对逃税者的惩罚，以及一套简单且毫无漏洞的税收制度，都确保人们会照章纳税。当然，这些事情既是重要的，也是必要的。如果偷税漏税者可能被发现，并面临对其犯罪的很大制裁，那么作弊的人将会越来越少。如果税法中充斥着特殊利益的减免，避税自然会激增。[6]

然而，在真实的世界中，使税收发挥作用的不仅仅是一部简单的税法和勤勉的审计人员。这是一个信念体系：对集体行动的好处（即当我们集中资源而不是单打独斗时，更能带来繁荣）、对政府在组织集体行动中发挥的核心作用，以及对民主的优势有着共同信念。当这种信念体系盛行时，即使最累进的税收制度也能很好地运行。当这种信念体系崩塌时，即使最权威精明的税务机关也会被突然释放且合法化的逃税力量击败，最好的税法也会被压倒。

这是一个关于集体行动的信念被信奉和抛弃的故事，是一个关于继承自新政，而且可能是世界历史上最累进的税收制度的故事。正如我们看到的，三十多年来，它不仅在纸面上，而且在事实上成功地向富人征税。从设计上看，很少有人支付20世纪30年代至70年代盛行的80%~90%的最高边际所得税税率。但如果将所有税种包括在内，富豪的有效税率超过了50%。逃税得到了有效控制。

20世纪30年代，罗斯福开创了税收执法的策略，在随后的几十年里该策略有效控制了逃税和避税。为了使税法精神落地，他赋予国税局很多法律和预算资源。但是，也许更重要的是，他也花时间解释为什么税收很重要，呼吁道德，避免逃税。霍尔姆斯法官（Mr. Justice Holmes）说，"税收是我们为文明社会付出的代价"，这句话被刻在了位于华盛顿特区的国税局总部入口处。"然而，太多的人并不想为文明付出应有的代价。" 1937年6月1日，罗斯福致国会的信中如是说：遏制避税事关文明的存续。直到20世纪70年代，这样的社会规范确实限制了纳税人不诚实的逃税行为。表达这些社会规范的法律法规阻止了大量美国人利用国内税法的漏洞。

新政的税收制度并不完美。其主要漏洞是，从1930年到1986年，资本利得的适用税率低于对其他收入的税率。当一项资产（如公司股票）的卖出价格高于购买价格时，就会产生资本利得。所得收入计入应纳税所得额，但在美国按优惠税率征税。当最高边际所得税税率超过90%时，资本利得的适用税率仅为25%。[7] 我们将在第七章讨论资本利得优惠利率的优缺点。这一政策的一个明显缺陷是，它鼓励富人以资本利得的形式赚取收入，而不是股息或工资。它创造了避税的机会。

由于战后几十年最高边际所得税税率较高，你可能会猜到逃税是失控的。确实，富人们无法抵挡诱惑，即出于避税的目的将适用于高税率的工资和股息转变为低税率的资本利得。

但是让我们看看数据吧。自 1986 年以来，平均每年资本收益占国民收入的 4.1%。从 1930 年到 1985 年，资本利得与普通收入最高税率之间的差距更大了，相应的数字是 2.2%，因此将普通收入重新归类为资本利得的动机就会越大。尽管有着巨大的税收优势，但战后几十年里资本收益还是很小。20 世纪中叶，一些富人确实将普通收入重新归类为资本收益，但这种情况并没有大规模发生。

为什么呢？因为政府不允许它发生。其实，使普通收入看起来像资本收益的方法并不多。其主要策略包括使用股份回购。公司回购自己的股份，就像分配股息一样，具有把现金从公司转移到股东口袋的效果。这两种支付方式的主要区别在于它们的税务应用不同：股份回购是向公司出售股份的股东产生了资本利得。1982 年以前，股份回购是不合法的。社会规范要求公司应该通过股息向其所有者分配收益，适用于累进所得税，这也被庄严地载入了法律。[8]

富人逃税的另一种方式是通过其雇主提供的免税津贴来赚取收入，比如公司的喷气式飞机、豪华的办公室、丰盛的饭菜、在科德角（Cape Cod）或阿斯彭（Aspen）举行的公司"研讨会"等。这些东西比资本收益更难衡量。但是，在任何有关公司高管在 20 世纪 40 年代、50 年代、60 年代生活方式的当代编年史中，都没有证据表明这些津贴特别普遍或数额巨大。通过分析二战后不久的高管补贴，经济学家查尔斯·霍尔（Challis Hall）发现"真正降低高管购买成本并代表额外收入的公司支出在大公司里

第三章 不公正如何获胜

的重要性微乎其微"。[9]如今的高管似乎不像20世纪60年代的前辈们那样省吃俭用，在公务机的使用上也不那么经济。20世纪80年代之前，大手大脚地挥霍公司资金根本不是社会认可的高管行为方式。[10]

确实，避税计划经常出现，但很快就会被禁止。1935年，《税收法案》将最高边际所得税税率提高到79%，这是截至当时的最高税率。法案颁布后，富人想方设法逃避新的纳税义务。罗斯福在1937年致国会的信中，附上了财政部长亨利·摩根索（Henry Morgenthau Jr）的一封信，信中列举了八种已经蓬勃发展但即将被取缔的避税手段。首先是"通过在巴哈马、巴拿马、纽芬兰和其他税收较低、公司法管理松散的地方设立外国私人控股公司来逃税的手段"。1936年，数十名美国富人创建了离岸空壳公司，并将股票和债券投资组合的所有权转让给这些空壳公司。空壳公司并不是它们的实际所有者，而只是为了收取股息和利息，从而逃避美国税收。政府很快就修改了法律，明确这一行为是违法的。[11]从1937年起，由美国人控制的外国控股公司获得的任何收入都将立即在美国纳税。这一措施成效立见，通过拥有外国控股公司避税变得毫无意义。

同样，在20世纪60年代，越来越多的美国富人开始滥用法律，利用对他们控制的私人基金会的慈善捐款来减免税收。而这些捐款并不是"慈善"：基金会为其创始人、家人或朋友提供资助；或者出于政治动机赠送礼物。1969年的《税制改革法案》严厉打击了这种滥用自我交易的做法，效果也是立竿见影的：1968年到1970年，新成立私人基金会的数量骤降了80%。这一税法改革后，富人的"慈善"捐赠也持续下降了30%。[12]

49

不公正的胜利

逃税大爆发

只要历届政府坚持（罗斯福）新政时代的信念体系，罗斯福的策略就行之有效。但是，20世纪80年代初，这些改变了，"政府不是解决我们问题的办法，而是问题所在"。里根在1981年1月著名的就职演说中如是说。如果有人想逃避税收，那也不怪他们，罪魁祸首是高的"非美国"（un-American）税率。20世纪80年代早期，这种新的意识形态席卷美国，逃税成了爱国之举。根据复兴的自由主义信条，既然"税收就是偷窃"，那么逃税避税也就是合乎道德的。一直到20世纪70年代，历届政府都在与避税行业斗争。但是，1981年里根入主白宫时，避税行业得到了政府批准。避税热潮开始了。

避税热潮并没有一发而不可收拾。避税行业如雨后春笋般发展起来。一个由金融家、发起人和顾问组成的网络席卷市场。其中一些"发明者"要求他们的员工每周想出一个新点子。[13]他们充满了创造力，并产生了突破性的逃税措施。每当国税局取缔一个特别恶劣的逃税方案时，其他逃税方案便会应运而生。这些逃税方案像牙膏一样粘贴在《华尔街日报》和主流报纸的金融版被广而告之。市场经济的魔力如火如荼地运转着；竞争压低了这些逃税服务的价格。像市场经济中的任何其他产品一样，逃税方案也使生产者和消费者致富。金融家、发起人和顾问将佣金收入囊中；避税者则逃避了税收。大量的盈余被创造出来，经济学家称之为收益（gains）。同时伴随着些许的扭曲：所有这些盈余都是以牺牲其他社会成员利益为代价，一美元一美元地产生的。

第三章　不公正如何获胜

里根时代的标志性产品就是税收庇护（tax shelter），如果你愿意，可称之为逃税 iPod。它的运行原理如下：所得税允许纳税人从任何形式的收入中扣除商业损失。因此，避税行业开始出售一些对企业的投资，而这些投资的唯一魅力就在于它们正在亏损。这些企业不是正规公司，而是合伙企业，因此不需要缴纳公司税。合伙企业每年将利润分配给投资者（合伙人），成为合伙人自己的收入（或损失），并缴纳个人所得税。无论谁投资于这些亏损的合伙企业，或者说税收庇护，都可以要求企业分担一部分损失。例如，对于一个拥有合伙企业 10% 股份的高工资员工，如果合伙企业亏损 100 万美元，那么就可以从他的收入中扣除 10 万美元，并相应抵减他的所得税。同样地，对靠利息或股息收入生活的富人来说也是如此。

其中一些合伙企业是没有任何经济活动的假公司。它们存在的理由就是记录虚假的账面损失，以便计入所有者的纳税申报表。还有一些是真正的企业，这些企业是盈利的，但是由于税法的特殊规定产生了税项损失，例如石油、天然气和房地产行业的巨额折旧准备金。作为里根时代的第一部税法，1981 年的《经济复兴税法》（Economic Recovery Tax Act）允许企业加速资产折旧，大幅提高了这种避税方式的有效性。

虽然避税行业诞生于里根入主白宫的前几年，但直到 20 世纪 80 年代初才真正繁荣起来。让我们看看数据：1978 年，在个人所得税申报表上，申报的合伙企业亏损额相当于前 1% 群体税前收入的 4%。它先是缓慢上升，然后呈指数级激增。1986 年，达到了前 1% 群体税前收入的 12%，这是有史以来美国所得税史上的最高水平。从 1982 年到 1986 年，全国通过避

51

税手段，投资者申报的虚构损失超过了真实合伙企业的利润总额。[14]没错！纳税申报表上报告的合伙企业净收入总额（利润减去亏损）是负的，这真是一个独特的现象。即使在大萧条时期，也没有出现这样的情况。1982年是经济衰退的一年，但从1983年到1986年，经济开始复苏并快速增长。然而，税收庇护已经达到了如此之高的水平，以至于整个产业界（从房地产到石油）看起来都在蒙受损失，即可以从所有者个人收入中扣除的账面损失。

美国的所得税收入暴跌。20世纪80年代中期，美国联邦所得税收入（个人加上企业）占国民收入的比例达到了1949年经济衰退以来的最低水平，这是美国现代史上最严重的下降之一。与此同时，1982—1986年，联邦政府赤字占国民收入的比例上升到5%以上，创下了二战以来的最高纪录。

这种偷漏税行为的爆发最终加强了里根在1986年《税制改革法案》谈判时的影响力。当时的财政赤字如此之高，以至于民主党坚持认为，法律的任何修改都一定不能再进一步恶化财政收支平衡。里根不得不这样做：大幅削减税率，但由于取缔了税收庇护，减税将使税收收入保持中性。一笔虚构的10万美元账面损失可以抹去10万美元真实工资的日子一去不复返了。从那时起，商业损失只能从商业收益中扣除。[15]考虑到避税在20世纪80年代中期达到的水平，堵住这一漏洞有望带来数十亿美元的收入。确实如此。该法案颁布后，合伙企业仿佛被施了魔法，停止了账面亏损。合伙企业亏损总额占前1%群体税前收入的比例从12%下降到1989年的5%和1992年的3%。到20世纪90年代初，税收庇护已经消失。

第三章　不公正如何获胜

避税与逃税：一场有缺陷的争论

迄今为止，市场是为满足人类无限欲望而发明的最强大的机制；市场是为满足数十亿人不断变化的需求而提供多样化产品的最有效方式。但它们天生就不会关心任何共同利益。市场为我们提供更快捷的手机和更美味的早餐麦片，同样，也可以毫不犹豫地提供毫无社会价值或具有负面社会价值的服务：那些服务可以使社会中一部分人富有，但使另一部分人贫穷，甚至使我们整体贫穷。避税市场就是这样一个市场的例子。它不会创造一美元的价值。它是以牺牲政府利益为代价而使富人变得更富，也就是说，以牺牲我们每个人利益为代价而使富人变得更富。在每一次逃税风波的背后，并不是民众对税收突然产生厌恶，而是逃税市场创造力的爆发。

诚然，从社会角度看，并非所有税务律师和税务咨询公司提供的服务都一文不值。有些帮助个人和公司了解税法、澄清歧义，或者更基础地代表他们填写纳税申报表。这些服务都是合法的。但是，制造只用来削减税收的产品，显然与销售盗窃工具并没有太大区别。至少，在1980年之前，这种行为是被这样对待的：逃税市场被认为是令人厌恶的，并且不允许其繁荣。任何市场都不可能存在于真空之中：政府决定哪些市场可以存在，哪些市场不能存在，或者至少哪些需要严格监管。容忍避税是政府的选择。

这就引出一系列有趣的问题。首先，如果这是纯粹的盗窃，逃税行业如何使自己合法化呢？

在美国，纵容逃税的言论可以追溯到累进税制实施的早期。

1933年，《纽约时报》披露，美国财富巨擘J.P.摩根在1931年和1932年没有缴纳所得税。这位金融家很快发现自己受到参议院银行委员会的攻击，而且日益不满于民主党和罗斯福对逃税者的不齿。[16] J.P.摩根怎么看待他们的罪恶？把逃税和避税放在一起。逃税是违法的，大家都认为这是不好的。但避税并不是，它只是利用税法的漏洞保留更多收入。他坚持认为，钻税收漏洞是没有道德责任的。责任在于政府：如果存在税收漏洞，那么政策制定者就必须修补漏洞。同时，那些聪明到可以利用漏洞的人也不应受到指责。毫不奇怪，J.P.摩根坚称他只是避税，但从未逃税。

这条防线仍然是当今避税行业的核心。但是当J.P.摩根提出它时，它是错误的，现在它仍然是错误的，为什么呢？因为美国的法律和其他大多数国家一样，包含一套被称为实质课税原则（economic substance doctrine）的条款，该原则认定除了减少纳税义务之外没有任何其他目的的交易都是非法的。每个人都明白，逃税市场永远都会领先于政府一步：预测无数种逃税方式总是不可能的，受高薪驱使的税务会计师和顾问会想出很多办法规避法律。这就是为什么实质课税原则会先发制人地宣布，那些除了避税之外没有其他目的的交易是无效的。投资虚假合伙企业产生可抵扣税款的账面损失，在百慕大建立空壳公司的唯一目的是逃税，这些交易即使法律没有明确禁止，也违反了实质课税原则。因此，它们是非法的。

当然，很难知道为什么个人纳税人会从事某些交易。有时，看起来像是纯粹的逃税计划也会促成某个合法的经济目标。各国政府还利用税收制度促进某些活动，例如，投资地方政府债券

(其利息在美国免税)。给予这些激励的政策往往是糟糕的政策,因为它通常会在利益集团的压力下以一些靠不住的理由减少税收收入,而利用这些政策并不会受到谴责。就此而言,J. P. 摩根是正确的。问题是,许多所谓的"完全合法"的避税行为,比如在热带小岛上设立空壳公司,显然违反了实质课税原则,因此违反了法律。[17]

政治与执法限制

这就引出了第二个基本问题。如果许多价值数十亿税收收入的交易真的违法,为什么没有被诉至法庭?是什么阻碍了政府执行实质课税原则?

要理解这一谜题,我们必须从税务机关不可能调查所有可疑交易这一事实入手。首先,有一个基本的信息问题:了解突然出现的各种可疑避税方案需要时间,而且避税行业也可以很轻松地使国税局的审查能力应接不暇。1980年,美国税务法院有5 000起避税案件悬而未决;到1982年,随着避税热潮的持续升温,这一数字增加了两倍,达到15 000件。[18]在短短几个月内,法院不得不了解和裁决数以千计已经产生的可疑避税方案,显然这是一项不可能完成的任务。

其次就是资源问题。最厌恶税收的美国人每年整体要花费总计数十亿美元制定他们的税收优化策略,而且这方面的支出越来越大。但是,国税局的人力财力却日渐萎缩。这就导致不仅难以发现可疑的逃税方案,而且难以调查、起诉并最终裁定非法交易无效。即使发现了可疑的逃税方案,财大气粗的纳税人也可以聘请最好的律师（包括前立法者）为其辩护，将这场法律之战延长数年，并且增加他们在法庭上获胜的机会。

在理想情况下，国税局将依赖税收筹划行业的自律。税务律师和会计师严守道德原则，并视帮助执行法律精神为职业责任的一部分；他们应阻止违反实质课税原则的避税行为商业化。然而，问题在于这些律师和会计师都是由避税推动者和避税消费者支付报酬的，因此，面临着严重的利益冲突。

对于这一问题，一个很好的例证是自20世纪80年代发展起来的企业，在这些企业中，积极的逃税行为是通过书面法律意见（legal opinion）确认其合法性的。实际上，这些意见函起到了欺诈性的保险作用，保护逃税者免受潜在的惩罚，以防他们采用的逃税计划被国税局认定为滥用法律。税务律师受到道德准则（及其良知）的约束，提供公平的法律意见。但是，对于灰色地带的避税是否更接近黑色（逃税）而不是白色（免税）的看法涉及很强的主观判断，当金钱回报足够高时，提供"正确"意见，即洗白最肮脏的逃税计划的诱惑可能是压倒性的。

最后，或许也是最重要的一点是可能缺乏税收执法的政治意愿。最明显的例子就是遗产税的缓慢消亡。20世纪70年代初，遗产税和赠予税的税收收入占家庭净财富的0.20%，但自2010年以来，这一比例每年几乎不到0.03%~0.04%，降至原来的1/5。导致这一下降的部分原因是税收豁免门槛提高和最高边际税率下降（从1976年的77%下降到如今的40%），但是归根结底主要原因还是税收执法的崩塌。1975年，美国国税局审计了1974年提交的29 000份最大遗产税申报表中的65%。截至2018年，2017年提交的34 000份遗产税申报表中，只有8.6%被审计。[19]

税收执法的崩塌是如此严重,以至于如果我们认真对待如今遗产税申报中披露的财富,看起来美国要么几乎没有富人,要么他们永远不会消亡。如果我们相信遗产税申报表上的财富,那么如今美国的财富分配要比法国、丹麦和瑞典更平等。[20]当《福布斯》富人榜上的美国400位顶级富豪中有人去世时,他们在遗产税申报表上的财富平均只有《福布斯》估计的真实财富的一半。[21]

那么到底发生了什么?遗产税的避税行为一直都存在,[22]但历届政府都以不同程度的热情强调了这个问题。至少可以说,从20世纪80年代开始,努力堪称微乎其微。被反对者贬斥为"死亡税"的遗产税是唯一一项由联邦政府征收的财产税。这也是所有联邦税收中最累进的税种,自征收以来,90%以上的美国人享受了豁免。[23]20世纪80年代以来,美国政治是由财产神圣化和不平等主义意识形态塑造的,遗产税也就成为其主要打击目标之一。离开了这种政治背景,就不可能理解如今遗产税筹划行业的"成功",在这个行业里,"慈善"信托泛滥、估值折扣滥用,更不用说证据确凿的公开(和未被起诉的)欺诈案。[24]政治决定了税收执法的优先顺序,最重要的是选择实施实质课税原则,还是容忍那些以减少税收为唯一目的的交易。

税收执法决策就是每当税率大幅下调时,税收遵从(tax compliance)反而不一定增加的原因。1981年,里根将最高所得税税率从70%降到50%,但是避税行为持续升级。即使最高遗产税税率从1980年的70%降到1984年的55%,接着从2000年的55%降到如今的40%,逃避遗产税也依然存在。在上面两个例子中,税收执法的改变击败了降低最高税率带来的所谓有利于遵守税法的影响，而这些变化反映了更深层次的政治和意识形态的转变，正是这些转变首先推动了法定税率的下降。[25]

"穷人逃税，富人避税"，或者反之亦然？

如今，谁在逃税呢？回答这个问题是困难的：根据定义，衡量非法活动和地下经济充满了不确定性。然而，我们并不完全一无所知。有两个关键原始资料可以用于估算逃税的规模和分布。首先是随机税收审计。除了针对最有可能作弊的人开展常规审计外，国税局每年还会随机挑选一些纳税人对他们的纳税申报表进行审查。国税局这样做的目标不是为了追查可能的逃税者，而是为了评估税收缺口的大小，即总共有多少税收未被征收，并且了解更多逃税者的情况。这就是为什么在这个研究项目中，经审计的纳税申报表是随机选择的。[26]

随机税收审计是一个强大的工具，可以发现未报告的自雇收入和税收抵免的滥用，更广泛地说，可以发现所有相对简单的逃税形式。但它们有一个主要局限：那就是并不能很好地捕获超级富豪的逃税行为。在随机税收审计的背景下，几乎不可能发现利用离岸银行账户、特种信托、隐藏的空壳公司和其他复杂形式的逃税行为。这些逃税形式大多是通过法律和金融中介机构进行的，而其中许多中介机构在金融不透明的国家开展业务。为了弥补随机税收审计的缺陷，我们需要使用其他信息来源以反映这些复杂的逃税形式。这些信息来源包括离岸金融机构的泄密信息，例如，2016年"巴拿马文件"（Panama Papers）泄密事件，即巴拿马莫萨克·丰塞卡公司（Panamanian firm Mossack Fonseca）泄漏的内部文件，以及鼓励逃税者说出真相以换取减轻处罚的政府税收赦免计划。

美国税务律师中有句名言，"穷人逃税，但富人避税"。根据这一观点，只有粗野的纳税人才会违反法律的明文规定；富人会利用法制伦理的和法律的漏洞大幅削减税收账单。然而，一旦我们将随机税收审计与泄露数据和特赦数据结合起来，就很少有证据表明这句名言传达了任何真相。如图3.1所示，考虑到各级政府的所有税收，美国所有社会群体都在逃避部分税收义务。但富人似乎比其他人逃避的更多。从工薪阶层到中上阶层，在大部分收入分配中应纳税而未纳税部分稳定在10%多一点，而超级富豪的这一比例则高到近25%。[27]

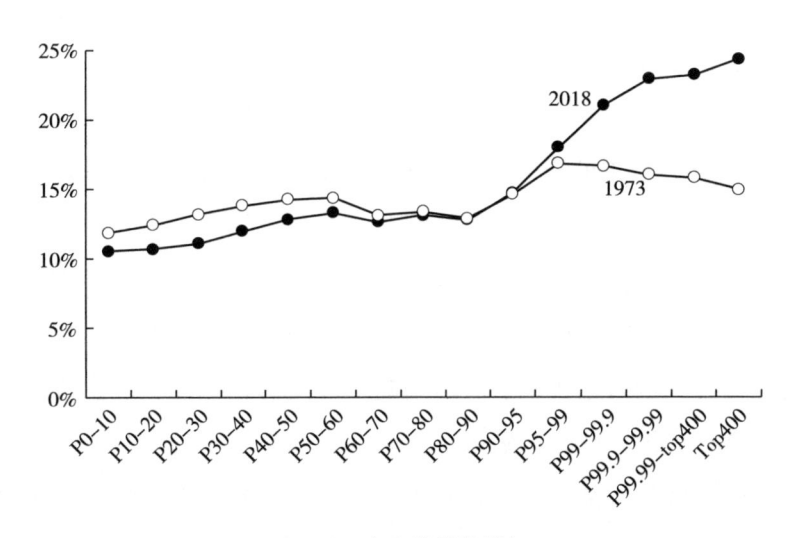

图3.1 富人逃税的增加
（按税前收入分组，逃税占应纳税的百分比）

注：该图描述了美国1973年和2018年按税前收入分组，各级政府的所有税收都包括在内，逃税占应纳税的百分比。1973年，各个收入群体的逃税率相当稳定。2018年，富人的逃税率（约为20%~25%）高于工薪阶层和中产阶层（其逃税率约为10%~12%）。详情请见 taxjusticenow.org。

不公正的胜利

我们如何解释这一发现？首先，工薪阶层和中产阶层无法逃避很多税收。他们的大部分收入由工资、养老金和通过国内金融机构获得的投资收入组成。由于这些收入来源会自动报告给国税局，所以不可能逃税。当然，在收入金字塔底部也存在着逃税，主要是逃避消费税（例如，通过现金交易）和工资税（例如，个体自雇者），这是美国工薪阶层缴纳的两个主要税种。但对于绝大多数人来说，由于雇主、银行和其他第三方会向国税局系统性地报告相关系统信息，所以逃税是有限的。[28]当我们转向收入金字塔顶端的时候，由第三方报告的收入越来越少，逃税也就成为可能。

为什么逃税行为会随着收入的增加而增多呢？第二个也是主要的原因是，与社会其他阶层相比，富人可以利用避税行业帮助他们逃避纳税义务。随着时间的推移，这个行业变得越来越精英化：现在的目标客户是比40年前更富有的纳税人。早在20世纪80年代初，避税的推动者就在主流报纸上宣传他们的创新。从好的方面看，他们有成千上万的客户：医生、律师、正式雇员和富有的继承人等。但他们炮制的骗局也非常明显，而且总是有被国税局停业的风险。现代税收筹划行业以全球经济精英为目标，通过一些只有邀请才能参加的活动吸引高级客户的加入，如晚会庆典、高尔夫锦标赛和艺术展览开幕式。随着不平等的加剧，大型财富管理银行以及那些创建空壳公司、信托和基金会的律师事务所和托管人可以通过讨好一些超级富豪客户来赚取高额佣金。[29]

这就是为什么1973年（美国国税局实施随机税收审计计划的第一年）的逃税水平在整个收入范围内大致保持不变，而如今随着在收入分配阶梯中的位置上移（即收入增加），逃税也在增加。随着金融监管放松和不平等加剧，避税行业前所未有地扩张，而且更加专注地为超级富豪提供税收筹划服务。两个同时出现的趋势强化了这一演变过程。首先是税收执法的变化，正如我们在遗产税案例中看到的那样。其次是全球化，它开启了避税的各种新形式：将公司利润转移到避税天堂（我们将在下一章中对此做深入研究）和在秘密司法辖区隐藏财富。

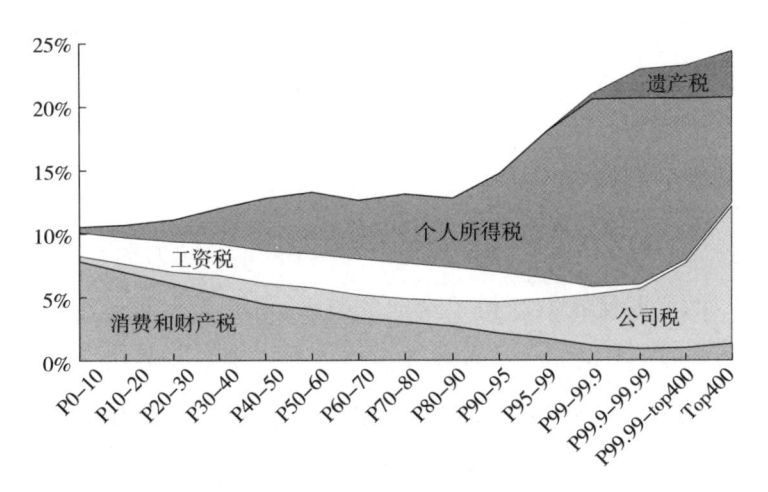

图 3.2 "穷人逃税，富人避税"，或者反之亦然？
（按税前收入分组，逃税占应纳税的百分比）

注：该图描述了美国 2018 年按税前收入分组，各级政府的税收都包括在内，逃税占应纳税的百分比。该图还按照税种分类呈现了逃税的构成。2018 年，由于遗产税执法不力、跨国公司积极逃避公司税以及离岸个人所得税逃税，富人的逃税超过了工薪阶层和中产阶层。详情请见 taxjusticenow.org。

大逃脱：跨境逃税

当今，逃税的核心是离岸空壳公司，这是一种强大而多功能的逃税技术。2016 年，"巴拿马文件"曝光使离岸空壳公司世人皆知。它就像一种多功能工具，可以用来逃避遗产税、资本利得税、普通所得税、财富税、公司所得税，以及跨境支付利息、股息和版税的代扣所得税。如果你想欺骗国税局、前配偶、子女、商业伙伴或债权人，它也能派上用场。如果你的目标是从事内幕交易、洗钱、兜售非法佣金、私下为竞选活动提供资金或资助恐怖组织，它也是很有帮助的。作为零和经济的象征，离岸空壳公司简直所向披靡，毫无对手。

自20世纪80年代以来，这项逃税技术（离岸空壳公司）的使用量急剧上升。正如我们看到的，1936年，在国会认定从国外赚取收入但没有在美国纳税的行为不合法之前，一些美国富人成立了离岸空壳公司试图逃避所得税。但是仅仅过去30年，离岸空壳公司的市场开始腾飞。以莫萨克·丰塞卡公司为例，"巴拿马文件"的泄漏使我们获得了全面的数据。从1977年成立到1986年，莫萨克·丰塞卡公司每年注册成立几百家空壳公司。从1986年到1999年，每年注册成立数千家空壳公司。从2000年到2010年，每年注册成立1万多家空壳公司。金融危机后，新成立的空壳公司数量回落到每年略少于1万家。在2016年"巴拿马文件"泄密时，仅莫萨克·丰塞卡公司就在21个离岸金融中心创建了21万家公司，其中最突出的是英属维尔京群岛和巴拿马。[30] 目前，全球活跃的空壳公司总数还没有可靠的估算，或许有几十万家，也可能有数百万家。

在美国，由于保罗·马纳福特（Paul Manafort）的欺诈行为，空壳公司已经获得了新的恶名。2018年8月，弗吉尼亚州的陪审团发现，特朗普总统的前竞选主席忘记在他的纳税申报表中报告乌克兰寡头支付给他在塞浦路斯银行账户的数百万美元。正如世界各地逃税者使用的绝大多数离岸银行账户一样，马纳福特在塞浦路斯的银行账户从账面看属于零税收地区注册的空壳公司。为什么呢？因为空壳公司阻断了银行账户与其所有者的关联，导致财务不透明，使税务机关、调查人员和监管机构更难知道谁真正拥有什么。瑞士历来是全球离岸财富管理中心，在外国人持有的财富中，有60%以上是通过空壳公司持有的，这些空壳公司主要在英属维尔京群岛和巴拿马注册成立。[31]

打击逃税：《海外账户税收遵从法案》的经验教训

很长一段时间以来，人们认为可以有效地打击海外逃税，但至少可以说，这种想法值得礼貌地谨慎对待。瑞士难道不像所有主权国家一样，有权制定自己的法律吗？如果它想严格执行银行保密制度，禁止金融机构分享客户信息，那么究竟有什么可以改变这种状况呢？

然而，2010年发生了变化，经国会批准，奥巴马总统签署了《海外账户税收遵从法案》（Foreign Account Tax Compliance Act，FATCA），规定在外国银行和美国国税局之间实施自动数据交换。世界各地的金融机构必须鉴别它们的客户中谁是美国公民，并告知美国国税局每个人在他的账户中持有什么，以及从中赚取的收入。如果不遵守这部法案，将会受到严厉的经济制裁：对美国支付给不合作金融机构的所有股息和利息收入征收30%的税。在这种威胁下，几乎所有国家都同意适用这部法律。许多其他国家也效仿美国，与避税天堂达成了类似的协议。自2017年以来，银行信息的自动共享已成为全球标准。卢森堡、新加坡和开曼群岛在内的主要避税天堂都参与了这种新形式的国际合作。

不公正的胜利

尽管现在对这一政策进行定量评估还为时过早,但它标志着与以往做法相比有质的差别。在大衰退之前,避税天堂的银行与其他国家的税务机关几乎没有任何数据交换。[32]在这种情况下,在国外隐藏财富如同儿戏般简单。但现在,这样做就需要更加复杂巧妙和坚定的决心。

新制度并不完美。认为那些几十年来一直把客户藏在空壳公司后面、用牙膏管走私钻石、把银行对账单隐藏在体育杂志中分发的银行家们,现在都在与世界各国的税务机构真诚合作,这未免有失天真。金融不透明仍然是猖獗的,离岸银行家很容易假装他们没有美国或法国客户,他们只管理"属于"巴拿马或巴哈马空壳公司的账户,因此不会向有关当局发送任何信息。即便如此,重要的是认识到,这是自21世纪头10年中期以来取得的进步,而那时盛行的是保密和缺乏合作。

关键的经验教训总是反复重现:昨天被接受的东西明天就可以被取缔。许多人认为不可能,但新的国际合作形式确实可以在相对较短的时间内实现。逃税会使任何旨在提高税收公正的项目走向失败,但这并不是注定不可改变的。容忍逃税是我们共同的选择,但我们也可以做出其他选择。

第四章　欢迎来到百慕兰

2017年12月22日，华盛顿特区一个寒冷的冬日，税法签署仪式在室内举行。在椭圆形办公室里，特朗普总统签署了号称"史上最大减税，最大改革"的《减税和就业法案》（Tax Cuts and Jobs Acts）。该法案的主要特点是将公司所得税税率从35%下调至21%。支持者认为，该法案将刺激经济增长，创造就业机会。但即使那些不同意这种乐观预测的人也认识到，改革早就应该进行了。公司税已支离破碎。1995年至2017年，虽然联邦公司税税率保持在35%不变，公司利润增长快于经济增长，但公司所得税收入（占国民收入的比重）下降了30%。大量利润被转移到低税收地区。美国公司在百慕大、爱尔兰和其他海外避税天堂累积了超过3万亿美元的利润。[1] 逃税市场充满了"创新"；税务当局被击垮。这是在为我们敲响警钟吗？

对美国大多数政治、经济和知识精英来说，大幅降低公司税税率是正确的做法。巴拉克·奥巴马在总统任期内曾主张将公司税税率降低到28%，制造商的税率则更低，降至25%。特朗普的改革并没有像里根的1986年《税制改革法案》那样获得两党的热情支持：民主党议员认为21%的税率太低，反对该法案对个人所得税的修改，也没有投赞成票。但大多数立法者都认为降低公司税税率是可行的。在这一点上，他们与富裕国家的大多数决策者是一致的。随着特朗普的法案获得通过，法国总统埃马纽埃尔·马克龙誓言在2018年至2022年将公司税税率从33%削减至25%。英国走在了前面：在工党首相戈登·布朗的领导下，英国已于2008年开始大幅下调税率，并计划在2020年达到17%。在这个问题上，世界上的布朗、马克龙和特朗普们意见是一致的。全球市场的赢家是流动的；我们不能对他们征太多税。其他国家正在降低税率，我们也必须大幅削减税率。谷歌公司已经将其知识产权和大部分利润转移到百慕大了吗？我们必须给予公司税收优惠，使其知识产权回到美国。

这个世界观是有问题的。如果全球化意味着不断降低对主要赢家（大型跨国公司的所有者）的税收，而对那些被它排除在外的工薪阶层家庭征缴更高的税收，那么全球化可能就没有未来。税收不公正和不平等将继续加剧。而且，其结局会是什么呢？其实，这里面蕴藏着巨大的风险，因为越来越多的选民会受骗，并相信全球化与公平是不相容的，因此他们将成为保护主义和仇外政治的牺牲品，这将最终摧毁全球化本身。

当大公司缴纳很多税收时

从20世纪初开征公司所得税到20世纪70年代末，大公司并没有逃避很多税收。这并非因为缺乏逃税的机会。自20世纪初以来，管理跨国公司税收的法律没有发生太大变化。但有两个因素抑制了逃税行为。首先，正如他们对个人所做的那样，富兰克林·罗斯福和他的继任者们采用积极的执法策略限制公司逃税，

第四章　欢迎来到百慕兰

使逃税者感到羞耻，并呼吁道德。

但更重要的是，公司高管对其角色的认识也有所不同。在如今的美国，传统观点认为首席执行官的目标必须是提高公司的股价。按照这种世界观，公司不过是一个投资者将资源集中在一起的财团。尽管一些公司领导人可能会哀叹被激进主义的股东束缚了手脚，但他们都认为股东价值最大化是他们的责任。逃税无疑可以提高股东价值。缴税减少意味着税后利润增多，这些税后利润可以作为股息分配给股东或用于回购股票。

但是，股东为王的信条并不普遍，世界各地公司董事会组成的多样性就证明了这一点。在许多国家，员工代表占公司董事会成员的三分之一；在德国，大型公司的员工代表占一半。[2] 在20世纪70年代之前，尽管员工代表不参加董事会，但人们也普遍认为，公司要对所有者以外广泛的利益相关者负责，包括员工、客户、社区和政府。[3] 对我们来说，这就意味着公司高管并不认为逃税是他们的责任，也不会有太多的税收规划预算。50年前，通用电气虽然已经是一家遍布全球的企业集团，但并不像最近那样雇用了1 000名税务律师。

让我们看一看：20世纪50年代初，联邦所得税收入占国民收入的6%，几乎相当于个人所得税！正如我们在第二章看到的，直到20世纪70年代，富人的大部分纳税是公司税，因此在美国整个税收体系的累进性中发挥了关键作用。

我们应该注意不要夸大公司税的贡献。20世纪50年代初，公司税收入居高不下，部分原因在于当时的特殊情况。在朝鲜战争期间，美国政府恢复了超额利润税（一种在两次世界大战期间实施的征税），税率在当时法定47%的基础上提高了30%；1950年至1953

67

不公正的胜利

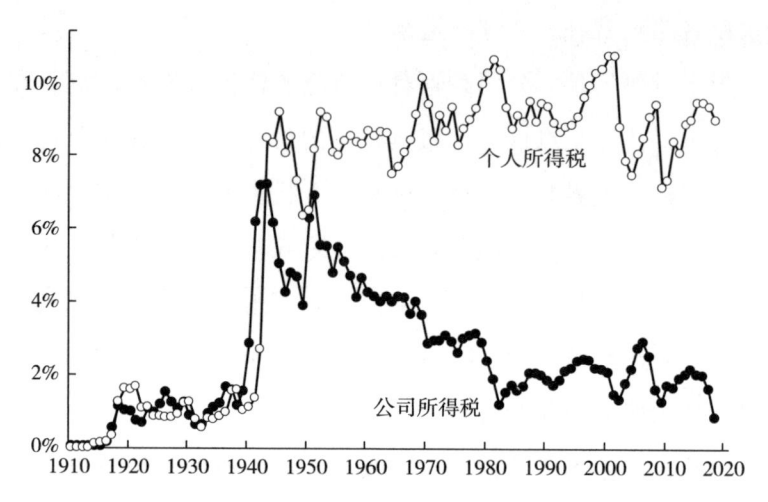

图 4.1　公司税的慢性消亡
（联邦公司税和个人所得税收入，占国民收入的百分比）

注：该图描述了美国自1913年以来，联邦公司税收入和联邦个人所得税收入占国民收入的比例。二战期间，公司所得税和个人所得税都急剧增加。二战后，个人所得税收入保持稳定，约占国民收入的10%，而公司所得税收入则有所下降。2018年，联邦公司税收入仅占国民收入的1%左右，达到了大萧条以来的最低水平。详情见taxjusticenow.org。

年，这一附加税增加了财政收入。在20世纪50年代末和60年代，当这一附加税废除后，公司税收入稳定在国民收入的4%~5%。

然而，重要的是认识到，公司税收入占国民收入4%~5%仍然远远高于今天的占比：在特朗普税制改革之后，联邦公司税收入占国民收入的比例几乎不到1%。半个多世纪以来已经减少至原来的1/4。其间发生了什么？

利润转移的诞生

公司税的第一次衰退发生在20世纪60年代末和70年代初，当时通货膨胀加剧、公司利润下降。在20世纪50年代到60年代

68

末，由于几乎没有来自欧洲和日本的竞争，美国公司利润丰厚。这种情况在1969年和1970年开始改变，当时美国经济进入衰退，政府增加税收以弥补越南战争的财政预算赤字，美联储收紧利率以对抗通胀。1973年石油危机导致了严重的经济衰退，并使70年代利率大幅提升，相应地，企业盈利能力持续下降。由于利息可以免税，高额的利息支付降低了税基，从而减少了公司税收入。

20世纪70年代末和80年代上半叶，伴随这些宏观经济效应，公司税逃税行业应运而生，与此同时，在同样的意识形态背景下，逃税行业也变得备受追捧。

对公司来说，采用什么方式逃税才能达到与风靡一时的高收入人群利用虚假合伙关系逃税的同等效果呢？那就是在荷属安的列斯群岛的金融公司。具体而言，一家美国公司可以在阿鲁巴岛（Aruba）、博奈尔岛（Bonaire）或库拉索岛（Curaçao）设立附属公司，然后，让这家附属公司以3%左右的市场利率从欧洲银行借款，并以8%左右的更高利率将资金借给美国母公司。[4]这一策略有双重优势。离岸金融公司从5个点的息差中赚取收入。而且，由于荷属安的列斯群岛没有所得税，所以这一收入是免税的。更重要的是美国母公司的收益：由于支付的利息可以从公司所得税税基中扣除，因此支付给荷属安的列斯群岛附属公司的款项减少了对山姆大叔的应纳税款。与虚假合伙企业一样，这是一种严重的逃税行为，税务当局最终在20世纪80年代中期叫停了这一行为。

要看到如火如荼的公司税逃税避税，我们必须等到90年代中期。避税和逃税并不是自生自发地勃兴起来的，正如我们在前一章看到的,它们主要是由兜售逃税避税的贩子们推动的。逃税避税产业并不是在真空中运作的:它运作的意识形态、经济和法律环境至关重要。20 世纪 90 年代,一路绿灯。柏林墙刚刚倒塌,自由市场思想一路高歌猛进。20 世纪 80 年代,被灌输了"股东为王"思想的新一代公司高管正在接管美国的跨国公司。

与此同时,全球化也带来了新的节税机会。直到 20 世纪 80 年代,美国公司在海外的收入还不到 15%。在税务当局看来,当你所有的客户都在美国的时候,在英属维尔京群岛建立空壳公司会显得可疑。然而,在 20 世纪 90 年代中期,美国以外地区的公司收入份额激增,在 21 世纪的头 10 年达到 30% 左右。利润转移的热潮开始了。

以下是它的运行方式。

欢迎来到百慕兰

利润转移利用了管理跨国公司税收法律体系中的缺陷。这一法律制度是在 20 世纪 20 年代公司税实施后不久制定的,并基本保持不变。[5]它包含了一个概念,即跨国公司的任何附属公司都应被视为单独的实体。出于税收目的,苹果爱尔兰公司必须被视为一家独立的公司,不同于苹果美国公司。苹果爱尔兰公司的任何利润必须在爱尔兰纳税,苹果美国公司的任何利润必须在美国纳税。

问题很简单:由于爱尔兰的公司税税率(根据法律为 12.5%,实际上通常要低得多)低于美国的公司税税率(21%,不包括州公司税),苹果公司在爱尔兰将利润入账比在美国入账更有利,而且公司有充足的机会这样做。当然,某些规则限制了特定跨国

第四章 欢迎来到百慕兰

集团子公司间的全球利润分配。理论上说，公司必须通过内部交换商品、服务和资产来确定利润的产生地，就好像它们的各个子公司是独立实体一样。每次交易中，子公司间必须以公允的市场价格交易商品、服务或资产，即所谓的公平计价原则。然而，实际上，由于避税行业的存在，跨国公司基本上可以自由决定自己使用的价格，因此自由决定在哪里登记利润。

20世纪90年代，避税行业开始说服跨国公司进行一些资产和服务的内部交换，而这些资产和服务的关键优点在于：没有市场价格。由于一些资产和服务，如品牌标识、商标和管理服务，没有可观察到的市场价值，因此无法执行公平计价原则。苹果品牌标识的价格是多少？这是不得而知的，因为这个标识从未在任何市场出售过。耐克标志性的品牌标识"swoosh"的价格是多少？谷歌公司的搜索和广告技术的价格是多少？由于这些品牌标识、商标和专利从未对外交易，所以公司可以自由选择适合自己的任意价格。

逃税行业兜售的产品是孤注一掷的（豪赌）：一笔创造性的集团内部交易，以及对交易收取经认证的"正确"的转让价格。在实践中，使用的转让价格通常服务于为最大化节省跨国集团的税收。提出并认证这些转让价格的会计师由跨国公司自己支付佣金。这一切的结果如何？由于以伪造价格进行的集团内部交易激增，高利润最终被入账在税率较低的子公司中，而在税率较高的地方则入账较低的利润。

为了了解这在实践中是如何运行的，我们需要仔细思考几个例子。

在2004年8月上市成为公众公司的前一年，谷歌于2003年将其搜索和广告技术出售给了在爱尔兰注册成立的子公司"谷歌控股"（Google Holdings），但因为爱尔兰法律允许注册在爱尔兰的公司不是本国的纳税人，只要该公司的中央管理机构不在爱尔兰，所以"谷歌控股"仍注册在爱尔兰，但将其中央管理机构转移至百慕大（大西洋上的一个岛屿），之后，被爱尔兰认定为百慕大纳税人。此次交易的转让价格并非公开信息。1909年美国公司所得税开征时，法律规定公司的纳税申报表必须公开，以防止逃税。但国会在1910年废除了强制性公开披露，自那以后，美国巨头企业的税务事项一直是保密的。

尽管如此，人们很容易猜测，谷歌控股为收购谷歌技术付出的代价是微乎其微的。为什么呢？因为如果价格高的话，2003年谷歌公司会在美国缴纳巨额税款。但根据2004年谷歌公司提交给美国证券交易委员会的招股说明书，该公司当年在全球交纳了2.41亿美元的税收。[6]即使该公司的全部税单是由于将其无形资产出售给百慕大子公司（这是不太可能的，因为谷歌公司会由于其他原因纳税），也意味着无形资产的销售价格低于7亿美元。对于一项自那时以来已创造了数百亿收入的资产来说，这个价格并不算高。仅一年时间，即2017年（数据可获得的最新一年），百慕大的谷歌控股就赚取了227亿美元的收入。怎么会这样呢？因为谷歌控股是谷歌公司一些最有价值技术的合法拥有者。谷歌控股授权谷歌公司在整个欧洲的子公司使用这些技术（在亚洲也采用类似的办法，用新加坡代替百慕大）。谷歌公司在德国或法国的子公司向谷歌控股支付数十亿美元的特许权使用费，以获得所谓百慕大技术的使用权，从而降低了在德国和法国的税基，并将在百慕大的税基提高了同等数额。[7]

第四章　欢迎来到百慕兰

百慕大的公司税税率是多少呢？是零！

欧洲的各个公司也采取同样的方法。2004 年，在谷歌公司将其知识产权转让给百慕大公司几个月后，一家由瑞典人和丹麦人创办的公司 Skype 将其大部分网络电话（voice-over-IP）技术转移到一家注册于爱尔兰的子公司。在 Skype 公司的案例中，有趣之处在于，多亏了卢森堡泄密案（LuxLeaks，2014 年普华永道泄露的大量机密文件），我们知道了这笔交易的细节。根据普华永道的说法，这项颠覆电信市场的开创性技术到底值多少钱呢？总共值 25 000 欧元。[8] 2005 年 9 月，在这笔交易发生几个月后，Skype 公司被易贝（eBay）公司以 26 亿美元的价格收购。

谷歌公司和 Skype 公司几乎同时将其知识产权出售给注册于爱尔兰和百慕大某地的空壳公司，这并非巧合。大约在 2003—2004 年，在避税行业中这是一种可选择的逃税方式。与谷歌公司一样，Skype 公司也得到了同样的建议：在上市或被另一家公司回购之前，要迅速行动。为什么？因为当市场给你的估值数十亿美元时，你很难假装你的核心技术几乎一文不值。

通过这些例子，我们可以看到，不管怎么说，公司逃税都是相当简单的。其核心是操纵公司集团内部商品（如 iMacs）、服务（如美国公司从瑞士关联方购买"管理建议"）、资产（如谷歌公司将其搜索和广告技术出售给百慕大子公司），或贷款（如 20 世纪 80 年代早期在荷属安的列斯群岛逃税热潮中发生的）交易价格。全球四大会计师事务所，德勤、安永、毕马威和普华永道在世界各地为这些项目提供各种各样的方案。并且，它们都有同样的结果：账面利润最终被记录在雇用很少员工、使用很少资本的低税收地区的子公司。

不公正的胜利

40％的跨国公司利润被转移到避税天堂

　　幸亏美国经济分析局（US Bureau of Economic Analysis）拥有一套完善的统计系统，使我们可以追踪过去半个世纪里美国跨国公司利润转移的演变路径。美国公司被要求每年向美国经济分析局报告有关其业务的详细信息，特别是它们在世界各国的账面利润和纳税额。

　　直到20世纪70年代末，美国跨国公司尽管面临50%的公司所得税税率，但几乎没有使用任何离岸避税天堂。它们中的一些公司确实在瑞士设有办事处，或在加勒比小岛上设有控股公司，但总的来说，涉及的金额微乎其微：约95%的外国利润被入账在高税收地区，主要是加拿大、英国和日本。[9] 20世纪70年代末，受荷属安的列斯群岛避税的启发，利润转移开始加速扩张，20世纪80年代初，美国公司在避税天堂入账的外国利润比例飙升至25%。不过，当时美国公司的大部分利润仍在美国。尽管它们将25%的外国利润转移到了避税天堂，但与它们的总收入（美国加外国）相比，涉及的金额仍然很小。最后，荷属安的列斯群岛的避税热潮对美国巨头企业的全球税收影响甚微。直到20世纪90年代末，利润转移才真正变得显著起来。

　　如今，美国跨国公司在海外赚取的不断上升的巨额利润中，有近60%是在低税收国家入账的。具体在哪里呢？主要在爱尔兰和百慕大。不幸的是，更精确的地理位置是不可能得知的：正如我们在谷歌公司（即现在的Alphabet）的案例中看到的，这两个岛屿之间的边界并不清楚。而且，当我们研究利润转移的地理位置时，最好把它视为大西洋某处的一个国家，我们称之为百慕兰（Bermuland）。

第四章 欢迎来到百慕兰

2016年，美国跨国公司在百慕兰一个地方入账的利润要比在英国、日本、法国和墨西哥入账的利润总和还要多。在波多黎各，美国跨国公司也入账了大笔利润，适用于1.6%的有效税率。波多黎各不征收美国公司所得税，并且长期以来一直是雅培（Abbott）这类制药巨头和微软（Microsoft）这类科技公司等逃税者可选择的逃税目的地。接下来是荷兰、新加坡、开曼群岛和巴哈马，在这些地区，美国跨国公司入账的利润比在中国和墨西哥的都要多。最后不得不提的是，在这场逃税闹剧中最离谱的是，美国公司在2016年（可获得的最新一年数据）将超过20%的非美国利润计入了"无国籍实体"（stateless entities）中，即无处注册、无处征税的空壳公司。[10]实际上，它们已经找到了一种方法，可以在另一个星球上赚取1000亿美元的利润。

美国跨国公司并不是唯一将利润转移到低税收地区的公司：欧洲和亚洲的公司也这样做。这种大范围的自由放任产生了什么样的结果呢？所有国家都会互相窃取一些财政收入。美国公司夺取了欧洲和亚洲政府的税收收入，而欧洲和亚洲的公司则将这一好处回报给了山姆大叔。最近的一项研究估算，如今在全球范围内，所有跨国公司来自其注册地以外的利润，如苹果公司在美国以外地区的利润，或者大众汽车在德国以外地区的利润，有40%在避税天堂入账。[11]这相当于在美国、法国或巴西赚取的约8000亿美元收入，最终在开曼群岛、卢森堡或新加坡入账纳税，税率通常在5%至10%之间。在这场所有跨国公司对所有国家的战争中，美国跨国公司似乎最大胆：它们每年不是转移40%（世界平均水平），而是转移60%的外国利润到离岸避税天堂。

经济中各行各业的跨国公司都在从事这种利润转移。因为科

75

技巨头公司拥有更多的无形资产,而无形资产更容易转移到国外,所以有一种观点认为,它们是主要的罪魁祸首(因此,当务之急就是找到对它们征税的方法)。当然,硅谷的公司确实广泛利用了避税天堂。但是,在制药行业(辉瑞)、金融行业(花旗集团)、制造行业(耐克)、汽车行业(菲亚特)和奢侈品行业(开云 Kering)中,逃税现象也普遍存在。[12]为什么呢?因为任何一家公司,只要得到四大会计师事务所的适当建议,都可以创造出自己的无形资产(标识、专有技术、专利),并以任意价格出售给自己。同样,任何一家公司都可以从自己在低税收地区的子公司购买模糊的服务。正如我们将在下一章中详细介绍的那样,这些问题有办法解决;但我们并没能实施这些办法。相比最近一些欧洲国家对数字公司收入的征税,这些办法需要更全面的修正。

账面利润还是设备转移到避税天堂?

为了证明在避税天堂入账巨额利润是合理的,经常有人认为,这都是全球税收竞争的结果。[13]根据这一观点,公司只是对税率差异做出反应,并在税率较低的地方重新安排活动。它们已将工厂迁至爱尔兰,研发团队迁至新加坡,银行办事处迁至开曼群岛乔治镇。全球化在起作用。

然而,数据并没有为这一观点提供太多支持。数据显示,大体上,过去几十年中转移到低税收地区的是账面利润,而不是办公室、员工或工厂。美国跨国公司在美国以外的1 700万名员工中,约有95%的人在税率相对较高的国家工作,主要在英国、加

第四章 欢迎来到百慕兰

拿大、墨西哥和中国。*其中，不到100万人确实在避税天堂工作，主要在欧洲。例如，有12.5万人在爱尔兰工作。与爱尔兰约230万人的劳动力规模相比，这是不可忽视的，跨国公司为爱尔兰带来了真正的收益（远远超过税收收入）。但在相邻的英国，为美国公司工作的人数只相当于在爱尔兰的1/15，因为自21世纪初以来，英国的公司税税率平均比爱尔兰高出两倍。

尽管有数十年的国际税收竞争，但没有证据表明生产已经大规模转移到了避税天堂。相反，美国公司已经扩大了它们在新兴经济体的活动。它们的海外雇员超过1/3，约600万人在中国、印度、墨西哥和巴西工作。

当我们观察公司在哪里拥有有形资产（包括厂房、设备和办公楼）的情况时，得出的结论是相同的。大多数资产并非位于税收较低的地方，而是位于员工所在地。美国公司在境外公司拥有的有形资产存量中，只有18%在低税收地区；其余82%都在高税收国家。对照我们之前的发现，美国公司近60%的海外利润被入账在避税天堂，我们的结论很清楚：迁移到避税天堂的不是生产，而是账面利润。

毫无疑问，当企业决定在哪里开展业务时，会考虑税收以及许多其他因素。甚至有证据表明，如今对税收的考量可能比几十年前更加重要。如图4.2所示，避税天堂的资本存量正在增长，而且，其增长速度甚至超过了跨国公司在低税收地区的雇员人数。这表明，为了节省税收，如今大公司可能比过去更愿意转移

---

* 同样的事实，特别是对于从事研发工作的员工来说，他们中的95%都在高税收国家工作。

不公正的胜利

工厂和管理人员。同样显而易见的是，在爱尔兰等某些避税天堂，低税率不仅在企业转移账面利润中起着重要作用，而且在企业转移实际活动中也是重要考量因素。

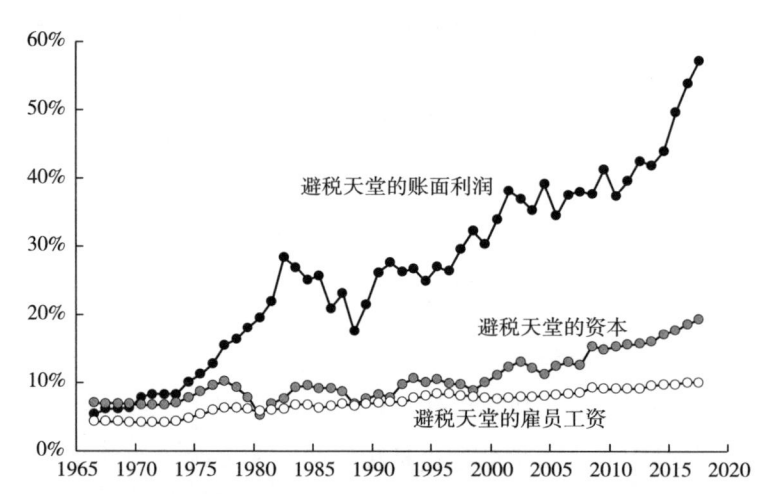

图 4.2　账面利润正在转移到避税天堂；实际活动却很少如此
（美国跨国公司在避税天堂的外国利润、资本和工资的百分比）

注：该图描述了美国跨国公司自 1965 年以来在避税天堂入账的利润、拥有的有形资本和支付的员工工资的演变，表示为美国跨国公司的全部外国（非美国）利润、资本和工资总额的比例。在避税天堂入账的外国利润份额已从 20 世纪 60 年代的不到 5% 飙升至如今近 60%，但员工和资本并没同比例转移至避税天堂。详情请见 taxjusticenow.org。

即便如此，从现有数据中可以得出一个重要结论：从全球角度看，资本向低税收地区的转移远没有人们通常认为的那么普遍。所发生的并不是避税热潮，而是逃税瘟疫。一些著名的避税天堂，如百慕大、零税收的加勒比海岛屿，或马耳他，只会吸引账面利润，那里实质上什么都没有发生。相比那些流向备受珍视的避税岛的巨大利润，向爱尔兰等地（低税地区）流动的资本仍然很小。即使外国跨国公司在爱尔兰购买办公场所，那也可能只是一个合法性的幌子，意在掩盖人为转移到爱尔兰的利润，数据中有些看起来是有形资本的流动可能仅仅是为了粉饰。

如今，公司税的逃税者们利用 J. P. 摩根的回应为他们自己辩护：这是完全合法的；世界各地的公司都遵守法律；政府应该谴责那些不遵守税法的公司。苹果公司在爱尔兰交纳1%的有效税率，欧盟委员会命令苹果公司向都柏林偿还它逃避的数十亿美元税收？这太离谱了："在爱尔兰和我们开展业务经营的每个国家，苹果公司都遵守法律，我们缴纳了所有我们应纳的税款。"[14] 耐克公司将数十亿美元的特许使用税转移到免税的百慕大空壳公司？这里没什么可看的，"耐克公司完全遵守税收法规"。此外，全球政策制定者是有责任的："我们鼓励经合组织（OECD）切实解决这些问题"，谷歌公司首席执行官桑达尔·皮查伊（Sundar Pichai）在达沃斯就加利福尼亚州山景城公司的逃税行为受到质疑时如是说。[15]

这样的辩驳苍白无力，因为谷歌公司在百慕大没有实质性的经营发生，但入账了227亿美元的收入，这么做合乎情理的原因就是为了逃避税收，因此谷歌公司违反了实质课税原则。这种逃税行为之所以持续，是因为执行公司税的政治意愿已经有所弱化，并且跨国公司拥有的资源远远在国税局之上。但这并不能使这种活动合法化。

国家主权的商业化

如同20世纪80年代早期的避税手段一样，利润转移业务使税收筹划方案的供应商及其客户变得富有，但同时也使世界其他成员陷入贫困。然而，20世纪80年代的逃税市场与如今为跨国

不公正的胜利

公司提供服务的市场有一个重要区别。除了逃税方案的供应商及其买家之外，另一方也从这种商业中获益，那就是低税收国家的政府。这些国家出售一个关键要素，即它们自己的主权，如果没有这一必不可少的投入，四大会计师事务所兜售的骗局将毫无用处。[16]

自从20世纪80年代以来，避税天堂的政府就致力于从事一种新的商业活动。它们向跨国公司出售了一系列权利，包括自行决定其适用的税率、监管约束和法律义务。一切都是可以商量的。苹果公司要求低税率，以便将其部分公司设在爱尔兰？都柏林感激不尽。Skype公司担心有一天税务局可能会质疑它向爱尔兰子公司出售知识产权的价格？完全不用担心，卢森堡大公国（Grand Duchy）以所谓高级定价协议（advanced pricing agreements）的形式提供了安全保障，这种协议就是提前敲定跨国公司使用转让价格的合同。没有避税天堂政府的同谋，任何利润转移都是不可能实现的，许多避税天堂的政府还夸耀其有高法定税率，但实际上，这些政府为它们试图取悦的公司提供了更低的税率，并为这些公司提供一系列方案，以规避任何其他地方实施的法律和法规。

它们为什么要这么做呢？因为国家主权的商业化本身是相当有利可图的。有一些非货币性的好处，例如，卢森堡在大公司的金融交易中扮演着超出其国家地位的角色，因此在欧盟内部有相当大的影响力。但最重要的是，对从事这种商业的国家来说，有着真金白银的现实回报。即使对吸引来的巨额账面利润实施低微的有效税率，避税天堂也能产生巨额财政收入。哪个国家的公司所得税收入占国民收入的比例最高？臭名昭著的避税天堂，马耳他。第二呢？卢森堡。然后就是中国香港、塞浦路斯和爱尔兰。我们发现

2017年，排名垫底的是美国、意大利和德国，这三个国家当年的公司所得税税率接近或超过30%。[17]相较于大国在20世纪30年代实行的税率，那些实施低有效税率（5%到10%之间）的避税天堂征收的税收要多得多（就其经济规模而言），税率越低，税收越高！

在这里，我们看到了"拉弗曲线"逻辑的一个醒目实例，拉弗曲线是由供给学派经济学家阿瑟·拉弗（Arthur Laffer）在20世纪70年代推广并因其命名的。从这个观点看，大幅降低税率可以增加税收收入。即使是零税率，乍一看可能太低了，但也能为小国家带来大笔收入。英属维尔京群岛和百慕大政府收取固定费用，它们用零税率吸引了数十万空壳公司的创立，为它们带来了巨额财政收入。

避税天堂的繁荣和供给学派预言家预测的繁荣之间有一个小区别。在阿瑟·拉弗的世界里，当税收低的时候，人们工作更多，企业投资更广泛，创新者更能不断创新，而且全球GDP也会上升。然而，在现实世界中，马耳他、卢森堡或塞浦路斯获得的任何一美元财政收入都是以牺牲其他国家利益为代价的。这是一个并不会使世界更富裕的零和利润转移。当百慕大向大公司提供定制的税收漏洞时，当爱尔兰向苹果公司提供甜美的税收协议时，当卢森堡税务局与四大会计师事务所携手合作时，它们窃取了其他国家的税收，使全球GDP保持不变。这是彻彻底底的零和盗窃。

阻止逃税车轮前行的微弱力量

我们的意图不是妖魔化这个或那个国家，也不是假装如果一些无赖国家停止其财政倾销，我们所有的问题都会消失。随着全球化的推进，大多数国家已经屈服于出售部分主权的诱惑，希望能吸引一些经济活动、一点税收，而不管它们能够获取什么样的蛋糕。一些国家在这条路上比其他国家走得更远，典型的是一些规模较小的国家，它们更有利可图。但是，随着世界经济变得更加一体化，随着发展中国家出现新的经济强国，相比整个地球，几乎所有国家都在变小。变身为避税天堂的诱惑无处不在。

在限制国家主权商业化方面已经有了一些尝试。迄今为止，最雄心勃勃的努力是经合组织于2016年启动的倡议，名为"税基侵蚀和利润转移的包容性框架"（inclusive framework on base erosion and profit shifting），简称为BEPS。这是阻挡庞大的避税车轮前行的协调性尝试。它使企业更难操纵转让价格；它定义了一些有害的税收做法，鼓励各国放弃这些做法；它尝试修正各国税法的不一致之处，并迫使某些避税天堂放弃其最恶劣的避税方案。

然而，数据表明，BEPS和其他努力大多没有成功。如图4.2所示，美国公司在低税率地区入账的利润份额逐年增长。对于非美国的跨国公司来说，证据更不全面，因为现有数据涵盖的年份较少，但趋势似乎是相同的。我们如何解释这种不成功呢？BEPS这一倡议并没有攻击到避税核反应堆的核心。公司仍然被认为应该在内部交易商品、服务和资产。四大会计师事务所仍然在制造没有市场价格的交易。转让定价的会计师仍然有动机取悦其客户，并认证任何使客户税单最小化的安排都是正确的。当我们需要"哥白尼革命"（Copernican revolution）的时候，我们却一直忙于完善托勒密的天堂模型。

第四章　欢迎来到百慕兰

税收竞争的胜利

目前，国际协调合作的努力最终遇到了更深层次的制约：在税率协调方面缺乏认真努力的尝试。如今，政策制定者一致认为，利润转移应该受到打击，但只要各国照章办事，税收竞争就不应受到谴责。根据这种观点，如果一家公司在美国生产专利并将其转移到免税的百慕大，那就糟糕了。但正如今天所做的那样，如果该公司在爱尔兰生产专利，如果都柏林按6.25%的税率对其专利产生的利润征税，那就没问题了。如果明天税率是1%，那也未尝不可。只要这些专利是在爱尔兰，由在爱尔兰办事处工作的当地工程师产生，任何税率都是可以接受的。BEPS允许各个国家对源自专利的收入提供合法税收减免，即所谓的"专利盒"（patent box）制度。除爱尔兰外，英国提供10%的税率，美国在2018年税收改革以后提供13.125%的税率。下面举几个例子。

经合组织等国际组织被允许讨论如何改进税基的定义，而不是讨论税率。除了各国税收政策的关键组成部分之外，国际合作还是存在的。经合组织希望通过它的努力，利润转移将很快消失：公司将在其实际经营的国家纳税，公平公正。但问题是，按什么税率征税呢？尽管BEPS最终成功地遏制了利润转移，但由于缺乏对税率本身的任何协调，总会有一些国家通过下调税率获利。降低公司税税率可能比幕后交易更透明，比提供量身定制的税收漏洞更直接，比对异常的集团内部交易睁一只眼闭一只眼更诚实。但是，它有着相同的含义：减少大公司及其股东的纳税义务。

其核心是，大幅降低税率只是国家主权商业化的另一种形式。对于那些实施这种做法的小国家来说，这是有利可图的：它增加了财政收入，而且相对于促进纯粹的账面利润转移而言，它甚至可以增加就业和工资。但如同其他形式的国家主权商业化一样，这些收益是以牺牲世界其他地区利益为代价的。避税天堂向大公司提供的税收优惠增加了其他人的成本，用经济学术语来说，就是"负外部性"。它们助长了税收的恶性竞争，导致了这样一个世界：为了防止资本外流，大多数国家被迫采用非常低的税率，这要比它们原本民主选择的税率低得多。当前国际合作形式背后的根本问题是：这些合作并没有解决税收竞争的非民主力量，而事实上使之合法化了。

确实，自 BEPS 项目启动以来，税收竞争加剧了，而且全球公司税税率的逐底竞争也在加速。自 2013 年以来，日本将税率从 40% 下调至 31%；美国从 35% 下调至 21%；意大利从 31% 下调至 24%；匈牙利从 19% 下调至 9%；许多东欧国家也走上了同样的道路。1985 年至 2018 年，全球平均法定公司税税率从 49% 降至 24%，降幅超过一半，这或许是全球税收政策最异乎寻常的发展态势。如果目前的趋势持续下去，在 21 世纪中叶之前，全球平均公司税税率将达到 0%。

第五章　税收不公正的螺旋上升

尽管世界各国领导人可能会对极端的财政倾销形式（如百慕大的零税率）感到惋惜，但他们普遍认为，公司税下降未必是坏事。毕竟，减税意味着公司可以将更多利润用于投资。企业投资是增长的引擎：企业扩张支持就业和工资，并最终使员工受益。降低对资本征税可以使工薪阶层受益。

但真的是这样吗？如果富人缴纳更高的税，最终会伤害到我们其他人吗？反过来，大幅削减对资本的征税是否会提升投资和工资呢？

不幸的是，公众对这些问题的讨论陷入了空洞且毫无事实根据的意识形态的装腔作势之中。不乏预言家预测源于自由资本的奇迹，只要"税负"再下降一点，他们就会给出不切实际的增长预测。当税后利润被允许增加时，这些先知就会猜测投资激增和工资提升。让我们尽力说明是否如他们所说的那样。

劳动和资本：所有收入的来源

要了解政府对资本征税时会发生什么，我们首先必须准确定义"劳动"和"资本"的概念。在征缴任何税收之前，国家的所

不公正的胜利

有收入都是由员工或资本所有者获得的，因为我们生产的一切都需要劳动和资本（机器、土地、建筑物、专利和其他资本资产）。在一些经济部门，如餐馆，生产主要使用劳动，经济学家说，这类部门就是劳动密集型的。其他经济部门，如能源，是资本密集型行业。有时，资本可以独自产出（房屋产出"住房服务"，而不需要我们人类的帮助）。有时，劳动可以独自产出（例如，碧昂斯在公共场所举办一场无乐器伴奏音乐会）。有时，资本是有形的（房子、机器等），有时是无形的（专利、算法等）。但无论何时何地，我们生产的一切以及由此获得的任何收入都源于劳动、资本，或劳动与资本的组合。

劳动所得是付给员工的，相当于工资、薪金和就业附加福利，如医疗保险和养老金福利。资本收入是资本所有者独立于任何工作努力而获得的，包括公司所有者赚取的利润（无论是以股息支付还是再投资）、支付给债券持有人的利息、支付给房东的租金等。按照惯例，我们将私人律师和医生等自雇者赚取的"混合收入"的30%计入资本收入项下，70%计入劳动所得项下（原因是30/70为经济学家在企业部门观察到的资本/劳动比例）。[1]

根据定义，不属于劳动所得的每一美元，就属于资本收入，反之亦然。这样说并不是在判断员工和资本所有者是否应该分得属于他们的蛋糕：经济学家和公众普遍对这个问题有不同看法，自资本主义诞生以来，这个问题一直是政治冲突的核心因素。为了观察劳动和资本的这一事实，我们只需要描述经济如何运行。

让我们举一个具体的例子。根据其官方账目，2018年苹果公司生产了价值约850亿美元的商品和服务（扣除苹果公司为生产iPhone、iMac和其他产品而购买原材料和其他投入的成本）。在

850亿美元中，它向员工支付了约150亿美元，这是劳动所得。[2]剩下的700亿美元回报给苹果公司的所有者和债权人，这是资本收入。这些资本收入中的一部分用于股息，一部分用于支付债券持有人和银行的利息，一部分用于再投资。同样，部分劳动所得支付给了苹果公司的高管，部分支付给初级工程师，部分支付给苹果商店的销售人员。劳动有多种形式，资本也有多种形式，包括许多不同的社会实体、法律安排和权力关系。

长期以来，经济学家观察到，劳动所得的比重波动不大，资本收入占国民收入的25%，剩余75%是劳动所得。众所周知，凯恩斯将这种稳定描述为"一个奇迹"。然而，这种奇迹并不是永久的。[3]从1980年到2018年，美国的劳动所得份额从75%下降到70%（而资本收入份额从25%上升到30%）。在过去20年中，这一趋势尤为明显。自21世纪初以来，美国成年人平均劳动所得几乎停滞不前，平均每年增长0.4%，而受科技、制药和金融领域企业巨擘利润暴涨的推动，成年人平均资本收入每年增长1.6%。资本收入高歌猛进，劳动所得却裹足不前。

对资本征税越来越少，对劳动征税越来越多

正如所有形式的收入都源于劳动和资本一样，所有税收要么归于劳动，要么归于资本。在选择对这两种生产要素分别征收多少税时，需要权衡。因为资本是有用的，我们并不想对它征税太多，以免降低经济生产能力。但减少对资本征税意味着劳动必须承担更重的税负，特别是在一个工资水平裹足不前的世界里，对那些没有继承财产可积累财富的人来说，更加举步维艰。

当今的美国如何分摊税负呢？回答这个问题最全面的方法是对比三种税率的演变。第一个是平均宏观经济税率，即纳税总额除以国民收入。第二个是资本收入的平均税率，即公司所得税、财产税、遗产税，以及与股息、利息和其他形式资本收入对应的所得税合计得出的资本税总和除以经济中的资本收入总流量。第三个，也是最后一个因素，是劳动收入的平均税率，类似地定义为劳动税总额与劳动收入总额的比率。[4]从这三种税率的演变中，我们将会看到什么呢？

过去几十年来，与其他富裕国家稳定的税收相比，美国的税收有所下降。今天的宏观经济税率显著低于20世纪末。直到最近，随着2018年的减税，这一趋势才真相大白：从短期看，税收收入随着经济扩张而上升，随着经济衰退而下降，而这些商业周期效应会掩盖宏观经济税率下降的趋势线。但现在看，宏观经济税率的中期趋势已经明朗。20世纪90年代后半期，美国整体税率达到了31.5%左右的峰值。2019年，经过9年的经济增长，并且失业率处于历史最低水平，美国整体税率几乎低了4个百分点，约为28%。鉴于税收在经济衰退期间通常会下降几个百分点，可以肯定的是，当下一次经济衰退来临时，税收与国民收入的比率将达到自20世纪60年代以来的最低水平！

在过去20年中，税收占GDP的比例下降了近4个百分点，这是一个罕见的历史发展。无论是罗纳德·里根，还是玛格丽特·撒切尔，或是任何其他保守党领袖，都没有人能实现最近特朗普税制改革的如此壮举。在里根执政期间，税收收入占GDP的比例上下波动，没有明显趋势。在英国，铁娘子1990年离开唐宁街时的税收比她1979年入主唐宁街的时候更高。在这两个实例中，富人的税收都下降了。但是，其余人口的税收却有所上升，而税收总额基本保持不变。过去20年来，美国是发达国家中税收持续大幅下降的第一例。

在美国，宏观经济税率的下降全部源于对资本征税的崩塌（见图5.1）。20世纪90年代后半期，对资本征税的平均税率为36%。在特朗普税制改革之后，这一比例几乎不到26%。

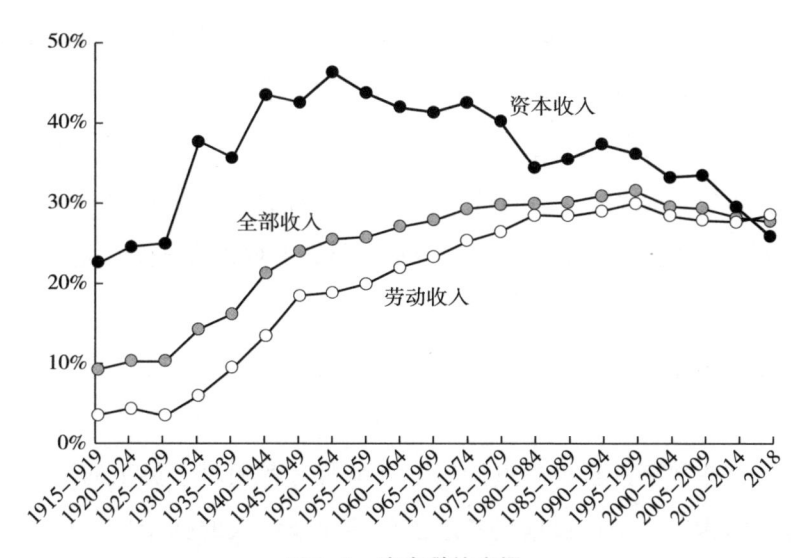

图5.1 资本税的崩塌
（在美国，关于劳动和资本的宏观经济税率）

注：该图描述了美国自1915年以来，在资本收入、劳动所得和总收入上宏观经济税率的变化。资本收入和劳动所得的合计就是国民总收入。所有联邦、州和地方税收都包括在内，并分配给资本或劳动。从历史的角度看，对资本收入征税的税率远高于对劳动所得的税率，但这个差距已经缩小了很多。2018年，对劳动所得征税的税率首次高于对资本收入的征税。详情请见 taxjusticenow.org。

除了财产税基本保持稳定外，所有资本税都是造成这一下降的原因。正如我们看到的，公司税已经崩塌。股息税已经减半，最高税率从克林顿执政时期的39.6%下降到如今的20%。遗产税产生的税收收入减少至原来的1/4，从20世纪90年代末占国民收入的0.4%降到如今的0.1%。

从更长远的角度看，劳动和资本之间税收平衡的变化更为显著。从17世纪马萨诸塞州的财富税到艾森豪威尔执政时期50%的公司所得税有效税率，资本税对美国国库的贡献非常重要。从20世纪40年代到80年代，资本税的平均税率超过40%，而对劳动征税的平均税率略低于25%。然而，自20世纪50年代达到峰值以来，资本税的平均税率已经下调了20个百分点。与此同时，在工资税高涨的推动下，对劳动的征税上涨了十多个百分点。对于兴旺发达的资本所有者来说，税收制度已经给予了他们更多。而对于那些工资停滞不前的员工而言，税收制度向他们索取了更多。2018年，美国现代史上首次对资本征税低于对劳动征税。

医疗保险：一项巨大而隐秘的劳动税

这些数字甚至也严重低估了资本所有者相对于员工的税收优势。因为这些统计数据只考虑了公共而非私人的强制性征税。向政府缴纳的税收被包括在内，但向非政府部门缴纳的并没有考虑在内。除了名义上的税收，最突出的是员工通过雇主向保险公司支付的医疗保险。因为美国的医疗服务费用过高（由于标准医疗程序的价格比其他富裕国家高得多），[5]这种隐性劳动税是巨大的。如今，雇主为员工提供的平均缴费每年超过了13 000美元。在过去几十年里，这个数字直线上升。[6]

为了更好地理解这种隐性税收，我们有必要回顾一下美国是如何为医疗服务提供资金的。美国老年人和低收入家庭享受公共保险计划［分别为联邦医疗保险（Medicare）和医疗补助（Medicaid)〕，这是由税收（工资税和政府一般收入）提供资金的。其余的人口必须寻求私营公司的保险；在此情况下，保险不是由税收资助的。实际上，人们通常通过雇主购买私人保险，而不是单独支付。自2010年《平价医疗法案》（Affordable Care Act）颁布以来，保险已成为强制性要求：为那些不在医疗保险或医疗补助范围内的人提供私人保险计划是法定的。保守派并不喜欢这项义务，且一直试图削弱它，但即使他们成功了，情况也不会发生根本改变。无论保险费是支付给公共垄断机构（政府），还是支付给私人垄断机构（声名狼藉且毫无竞争力的美国私人医疗保险体系），[7]几乎毫无差别。这两种支付方式都降低了员工的实际工资；尽管总是有可能逃税或拒绝向保险公司付费，但实际上几乎每个人都会遵守。

这两种医疗保险的主要区别在于它们对总税收占GDP比例的影响。更多地依赖私人保险公司导致了官方宏观经济税率的降低。这种特殊功能在美国尤为明显，但也存在于瑞士和日本这样的国家，它们依靠强制或准强制的私人医疗保险（由工会、雇主或非营利组织管理）提供医疗保障。如同美国一样，这些国家都自夸其税收占GDP比例远远低于医疗保险全部或主要由税收提供资助的国家（如英国、瑞典和法国）。[8]但这种吹嘘毫无意义。

为了提供更准确和更具国际可比性的图景，图5.2将支付给私人保险公司的强制性保费视为税收。仅这些隐性税收就占到2019年国民收入的6%，[9]相当于全部联邦所得税的1/3！这些强制性保费将宏观经济税率从国民收入的28%提高到34%，与加拿大和新西兰相当，略低于英国和西班牙。[10]根据定义，由于这些隐性税收只对劳动征收，因此劳动税率甚至会更加大幅跳升，从

29%激增至37%。有了这种扩展的（而且在我们看来更有意义的）税收观，我们可以看到，在20世纪80年代和90年代，劳动和资本的税率趋同。自21世纪初以来，特别是2018年税制改革以后，对资本征税要远低于对劳动征税。

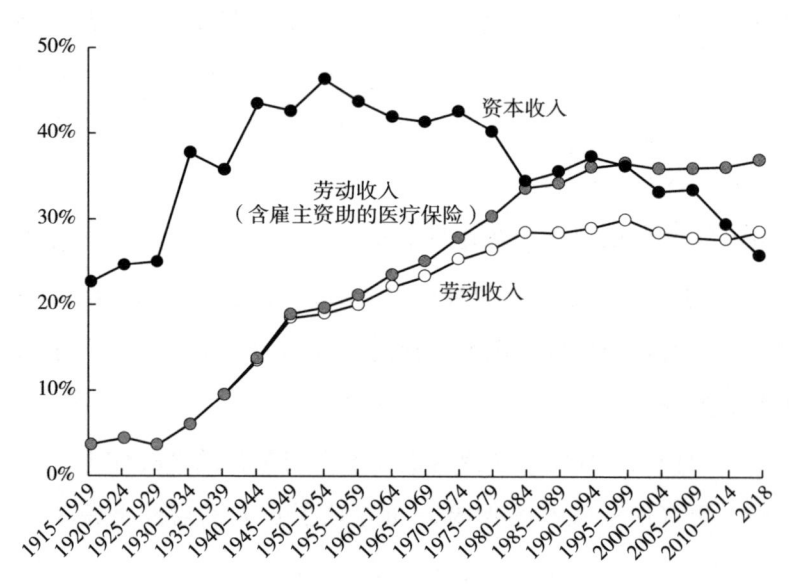

图5.2 对劳动征税的增长
（在美国，关于劳动和资本的宏观经济税率）

注：该图描述了美国自1915年以来关于资本收入和劳动所得的宏观经济税率的演变。资本收入和劳动所得合计即为国民总收入。所有联邦、州和地方税收都包括在内，并分配给资本收入或劳动所得。该图还将一系列雇主资助的医疗保险加到劳动税中。医疗保险费用现在对劳动造成了巨大且不断增加的额外负担。2018年，如果包括医疗保险在内，劳动税的税率约为40%，远高于资本税的税率。详情请见 taxjusticenow.org。

从这个更宽泛的角度，我们也可以看到，与人们普遍认为的相反，美国并不是一个特别低税收的国家，至少我们曾经做过苹果公司对苹果公司（apples-to-apples）的国际间的同类比较。在包含了强制性私人医疗保险后，美国宏观经济税率（34%）仍然低于法国（52%）。但是，这很大程度上是因为在法国几乎所有对养老金的贡献（占国民收入的16.5%）也被看成税收，而在美国，只有对社会保障（Social Security）的贡献（占国民收入的4.5%）算是税收。最后，基本的事实是，美国人在缴纳了税款、医疗保险（私人化的税收）和养老金之后，平均保持了与欧洲同胞相同的税前收入比例；主要区别在于，欧洲人随后缴纳了更高的消费税（在法国，是国民收入的13%，而在美国是5%）。而且，无论在欧洲还是在美国，资助政府和医疗支出的负担越来越多地落在劳动身上。

资本的最优税率：0%

我们应该担心降低对资本征税和随之而来的提高对劳动征税吗？毫无疑问，这个过程是一台强大的不平等引擎。无论何时何地，工薪阶层和中产阶层家庭的大部分收入都来自劳动所得。如今在美国，对收入分配金字塔底部90%的人来说，85%的税前收入来自劳动所得，而资本收入仅贡献了15%。对富人而言，情况恰恰相反。对收入分配顶端1%的人来说，一半以上的收入来自资本收入，前0.1%的人超过2/3的收入源于资本收入。[11]在资本主义社会里这是恒定的：随着收入水平的提升，资本收入在总收入中所占的比例不断上升，直至达到顶端，100%的收入都源于资本。当政府降低对资本收入征税时，他们几乎总是在为富人减税。

对资本征税的减少意味着，从资本中获得大部分收入的富人可以机械地积累更多财富。这会带来滚雪球效应：财富产生收入，当对资本收入征税较低时，收入的很大比例用于储蓄；这种

不公正的胜利

储蓄增加了现有财富，进而产生更多收入，依此类推循环往复。[12] 这种滚雪球效应大大促进了美国财富集中度的飙升。20 世纪 70 年代末至 2018 年，顶端 1% 群体的财富份额从 22% 猛增至 37%。相反，底层 90% 群体的财富份额从 40% 下降到 27%（见图 5.3）。自 1980 年以来，顶端 1% 群体和底层 90% 群体交换了他们在整个财富蛋糕中的份额：底层 90% 的人失去了什么，顶端 1% 的人就得到了什么。[13]

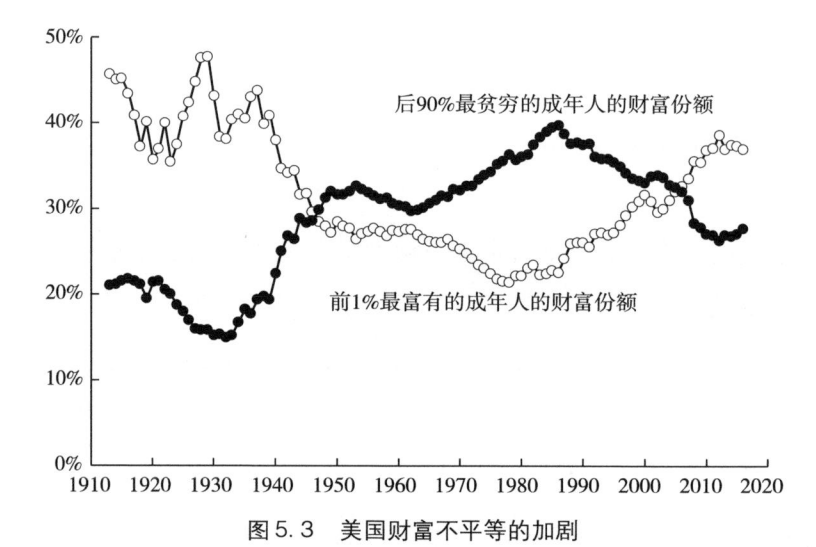

图 5.3 美国财富不平等的加剧
（在美国私人财富总额中，收入前 1% 和后 90% 群体分别所占份额）

注：该图描述了美国最富有的 1% 和最贫穷的 90% 的成年人拥有家庭总财富份额的演变。财富包括家庭直接或间接拥有的所有私人资产（包括住房、养老金和所有金融资产），扣除所有债务。已婚夫妇的财富平均分配。从 20 世纪 70 年代末至今，前 1% 群体拥有的财富份额几乎翻了一番，从 20% 增至近 40%。与此同时，后 90% 群体拥有的财富份额已从 40% 暴跌至 25% 左右。详情请见 taxjusticenow.org。

然而，如果我们赞同某些经济理论，我们应该为这种发展态势感到高兴。因为资本税的暴跌使我们更接近普通员工的长远利益。根据这些 20 世纪 70 年代和 80 年代发展起来的理论，对资本征税的最优税率为零：对公司利润、利息、股息、资本利得、租

第五章　税收不公正的螺旋上升

金、住宅地产、商业地产、个人财富、工业地产和遗产的所有税收都应该被取消，取而代之的是，对劳动收入或消费征收更高的税收。[14]从字面上看，这种逻辑会推导出异乎寻常的政策建议：世界上的比尔·盖茨们应该完全免税，并且，政府应该通过对秘书和退休人员征收更多的税来弥补税收损失。这一举措甚至会让那些根本没有财富、完全没有资本收入的社会中最贫穷成员受益，至少从长远看是这样的，因为他们将会看到自己的税前收入增加了。

这听起来也许仅仅是象牙塔的猜想，但现在你需要意识到这就是传授给全世界经济学研究生的经典理论，也是华盛顿特区政策讨论的权威基准。当然，在基本理论上有许多变体，根据这些变体，高于零的税率是可取的。但这些理论改进往往会在政策讨论中迷失方向。当我们询问美国税法专家是否应该对资本征税时，你会惊讶（这是我们的经验）于有如此多的人会断言"经济学家已经证明"不应该对资本征税。可以肯定的是，没有哪个大国削减了所有的资本税，而且实际上很少有人主张立即废除对资本的所有征税。但是，一种观念占据了主流，那就是对资本征税特别有害。

这种信念从何而来？本质上，是有一种观点在作祟。这种观点认为，资本供给（人们每年的收入中用于储蓄的部分加上从国外吸引的资本净流量）对税后回报率的变化非常敏感。从长远看，资本供给是如此敏感，以至于甚至很少的税收也不可避免地会毁掉大量的资本存量。由于资本是有用的，它可以使员工更具生产力，所以对资本征税最终将损害员工工资。用经济学术语表示，就是对资本的征税被完全转嫁给劳动。从这个世界观看，公

95

司税被认为特别有可能转嫁给员工。被征税的公司和工厂会迁往国外；企业将停止购买固定资产，耗尽资本存量，并降低工资。在这样的分析中，用经济学家的行话来说，公司税的税负归宿在劳动上。

税负归宿是任何税收政策分析的关键部分，因此让我们仔细探讨一下这个概念，以理解资本征税的反对者所持论点的价值。如果大幅削减公司税会怎样？股息和股份回购可能会飙升，并提高股东收入。但企业也可能购买更多的机器和设备，使员工生产效率更高，从而工资也会更高。或者他们可以降低所售产品的价格，实际上既有利于劳动也有利于资本（直至这两种形式的收入最终都被消耗掉）。对税收变化影响经济行为、经济产出水平和收入在人口中分布的各种方式进行追踪，可以说明税负归宿。

在这一领域中，经济研究的主要结果是直观的：最没有弹性的生产要素承受了税收负担，而最具弹性的生产要素则逃避了税收负担。具体来说，如果资本是非常有弹性的，也就是说，每当资本被征税时，储蓄和投资都会暴跌，那么劳动就要承担对资本征税的负担。但是，正如对资本的征税可以转嫁给劳动，对劳动的征税也可以转嫁给资本。如果劳动有很强的弹性，也就是说，当提高对人们收入的征税时，他们就会大幅减少工作，那么对劳动征税就可以转移到对资本征税。亚当·斯密在《国富论》中解释了对工资的征税如何转嫁给资本，这是对税负归宿所做的最古老、最著名的分析之一。如果农民处于最低生活水平，他们获得的只不过是勉强维持生计的收入，那么对他们的工资征税就会使他们挨饿。在这种情况下，对贫穷农民征收的工资税将转给更富有的土地所有者，因为那些土地所有者将被迫增加工资，以维持其劳动力的生存。

税负归宿归根结底是一个简单的实证问题，即资本和劳动的弹性如何？特别是，当对资本征税上升时，资本存量会消失吗？如果会消失的话，那么对资本征税的确是有害的，而且，大幅削减公司税可能符合员工的长期利益。

关于对资本征税和资本积累的长期视角

根据大多数评论家的说法，资本的极高弹性是一种自然规律，与地球引力一样确定。但是，这种信念和其他来自基本经济理论的贸然预测（例如，最低工资一定会摧毁就业）一样，需要现实的检验。尽管有许多方法可用来开展这种检验，但一个合理的起点是比较投资率与资本税的长期演变。从历史上看，当对资本征税更高时，美国的投资是否大幅下降？如果是的话，这将意味着对资本征税减少了资本存量，最终导致员工贫困。

但答案是否定的。鉴于20世纪初的储蓄和投资数据，我们可以将这些数据与对资本收入征税的平均税率进行比较。原来，在20世纪50年代到80年代这个对资本征税居高不下的时期，储蓄和投资也都处于历史高位，平均占国民收入的10%以上。不管人们用什么方法衡量资本积累，例如私人储蓄（个人和公司的储蓄）、国民储蓄（私人储蓄加上政府储蓄）或国内投资（国民储蓄减去外国净储蓄，实际上，因为大多数时候外国净储蓄很小，所以国内投资接近国民储蓄），这都是真实的。没有迹象表明，在20世纪80年代，因为对资本征税的税率开始下降，资本积累一直在增加。恰恰相反，自1980年以后，国民储蓄率逐渐下降，直至接近0%。富人的储蓄率保持稳定，但处于底层的99%人口（和政府）的储蓄率暴跌。这与"零资本税"理论得出其强有力的政策建议必须依据的假设恰恰相反。

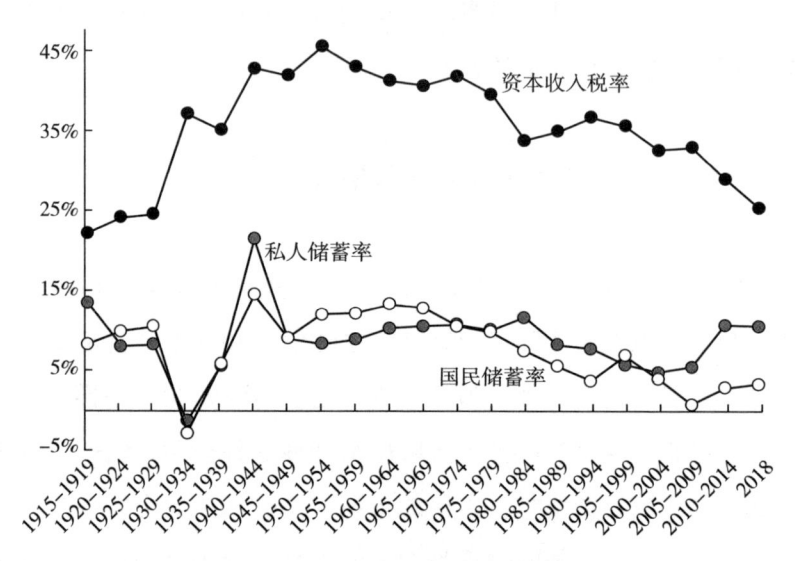

图5.4　对资本征税和资本积累
（美国宏观经济资本税率相对于储蓄率）

注：该图描述了美国对资本收入征税的宏观经济税率（对资本收入的征税总额占资本收入总额的比例）、私人储蓄率（家庭储蓄加企业储蓄占国民收入的百分比）和国民储蓄率（私人储蓄加政府储蓄占国民收入的百分比）的演变。从1940年到1980年，美国实现了对资本征税的税率和储蓄率双高。自1980年以来，对资本征税的税率下降，储蓄率也下降。在宏观经济数据中，对资本征税似乎并没有减少储蓄。详情请见 taxjusticenow.org。

在过去一百年里，对资本征税与资本积累之间没有显著相关性。1980年以前，尽管对资本的征税有很大变化，美国的储蓄和投资率在国民收入的10%左右波动。主要例外情况发生在大萧条时期，那时在大规模失业和实际收入空前下降的背景下储蓄暴跌；还有在二战时期，由于消费实施配给制储蓄上升。除了这些特殊的历史事件，美国的储蓄没有任何趋势性表现。法国、德国和英国也有类似规律，这三个国家的储蓄数据可以追溯到19世纪。除世界大战外，这些经济体的私人储蓄率也在国民收入的10%左右波动，尽管随着时间的推移对资本征税的平均税率发生了相当大的变化，从19世纪的不到5%到二战后几十年超过50%。[15]

需要说明的是，这些证据并不能证明对资本征税没有经济成本。它表明，由于储蓄率和投资率变化不大，从长期看，对资本的征税是由资本所有者承担的，而不是由劳动承担的。因为当对资本征税较高时，资本存量并没有变得更低（而且因此工资也并没有变得更低），所以对资本征税的税负归宿直接落在了资本之上。因为富人的大部分收入来自资本，而工薪阶层和中产阶层的大部分收入源于劳动，对资本征税主要伤害的是富人，而不是工薪阶层。当然，储蓄决策并非对税收完全不敏感。如果对资本按100%征税，那么经济中的财富可能会少得多。但对于大范围的资本税后回报（如20世纪的情况，回报率在2%~5%），现有经验证据表明，这些影响很小。

什么促进了资本积累：是监管而不是税收

这就引出了一个根本问题：为什么对资本征税时，资本积累的反应似乎相对较小？简言之，在影响财富积累的众多经济和社会力量中，对资本征税只是一个因素，而且是一个影响相对较小的因素。这些力量中更重要的是影响私人储蓄行为的法律法规。

对大多数美国人来说，从资产端看，财富主要包括住房和退休储蓄，从负债端看，主要包括抵押贷款、消费信贷和学生贷款。[16]公共政策直接影响了这些资产和负债的每一种形式。在二战后的几十年里，法律法规鼓励企业向员工提供受资助的养老金。联邦政府发起了30年期的抵押贷款，为一生中的储蓄提供了有效工具，因为现在偿还你的抵押贷款债务和积累房屋净值，就是储蓄。相比之下，20世纪80年代之后，随着支持高等教育的公共资金减少，学生贷款激增。放松金融监管使人们更容易负债，例如通过再融资促进抵押贷款债务的永久展期，或通过增加消费信贷的供给。

这或许是行为经济学给我们提供的主要经验教训。行为经济学是一个快速发展的研究领域，致力于采用对人类行为更现实的观点，而不是采取标准的超级理性的经济模型：当涉及对储蓄率的影响时，非税收政策淹没了税收激励。[17]以默认选项为例，当401（k）退休储蓄账户是提供给新员工的默认选择时（在这种情况下，80%的可能性选择加入），相比于他们必须自愿选择时（20%的可能性选择加入），在默认选项情况下新员工加入401（k）退休储蓄账户的可能性要高出3倍。[18]401（k）退休储蓄账户是美国目前最主要的退休储蓄形式。默认选项不仅会提高退休储蓄，还会提高员工的整体储蓄率：存入退休储蓄账户的资金并不会挤占其他形式的财富积累（如偿还住房债务）。相反，传统税收激励被认为会提升退休储蓄，即投资收益免税，但其实传统税收激励鼓励了人们将资金从非退休投资转移到免税的退休储蓄账户，而储蓄率并没有显著提高。[19]可见，与税收激励相比，默认选项等简单的"助推"措施对财富积累的实际影响要大得多。[20]

第五章 税收不公正的螺旋上升

这并不是说对资本征税没有效果。资本并不具有很强的弹性，但它可以被掩盖。富人可以把财富隐藏在海外。跨国公司可以将利润转移到百慕大。人们可以将投资转入免税账户。由于逃税服务的对象是富人，资本收入主要由富人获得，所以当逃税行业不受控制时，逃避资本税的机会就会多如牛毛。但是，这些逃税行为都不会影响人们拥有的股票、债券和房地产的真实财富积累。关于这些问题的辩论中有一个令人困惑的地方。是的，资本可以对税收做出强烈反应。但是，这种反应是利用无数种方式转移账面利润，而不是因为不管何时对储蓄增税，人们今天就开始消费更多。这种逃税反应不是自然规律，而是政府做出的选择。自 20 世纪 80 年代以来，逃税已经很广泛，因为各国政府一直容忍逃税行为，但此前逃税的情况微乎其微。

同样的结论也适用于对公司利润的征税，这是一种被广泛认为最具弹性的资本收入形式。公司应对国际税率差异的主要方式不是把工厂搬到低税收地区，而是把账面利润转移到避税天堂。利润转移掩盖了真实的资本流动。更一般地说，大量证据表明，公司税率影响各个领域的行为。[21] 当公司税率上升时，商业交易不太可能被注册成公司，而更可能选择不受公司税约束的其他组织形式，如合伙企业。当利息可以免税时，公司也倾向于借更多的钱。如果获得临时投资税收抵免，公司就会加速其投资计划。然而，这些选择都不会改变公司的长期资本存量，包括建筑物、机器和设备。所有这些都不意味着对公司利润的减税将会增加员工的工资。

与许多空想家希望你相信的相反，经济学并没有"证明"员工会"承担"公司所得税的负担。如果这是真的，那么全世界的

不公正的胜利

工会都会祈求政府削减公司所得税。现实世界中，认为普通员工而非富裕股东遭受高额公司税之苦的最强烈支持者是富裕的股东。在2018年美国中期选举期间，科赫兄弟（Koch brothers，每人身价约500亿美元）支持的游说团体花费2 000万美元说服选民，特朗普总统对公司减税是有利于工资的。[22]同样，经济学也没有证明对劳动征税是由资本承担的。从长期看，对资本征税很大程度上由资本承担，对劳动征税很大程度上由劳动承担。穷人并没有遭受向富人征税之苦，也没有任何富人遭受向穷人征税之难。

走向累进所得税的终结

没有证据表明，对资本征税少，对劳动征税多，是有益的，但确实是有实际成本的。它不仅破坏了全球化的可持续性，增大了保护主义卷土重来的风险，而且使全球化变成了为主要赢家减税的代名词。但是，这也为潜在而致命的避税方式打开了大门：将劳动所得转化为资本收入。对资本征税的低税率鼓励富人将其适用高税率的工资重新归类为资本收入。两种收入形式之间的税率差距越大，转化收入的动机就越大。随着这种转化的发生，一个大问题产生了：个人所得税行将消亡，而这是现代税收制度中主要的累进组成部分。

当然，在很多情况下，在劳动和资本之间转化收入是不可能的。教师、职员、大多数其他员工永远无法假装他们的工资实际上是股息。但对富人而言，转化收入就是小孩子的游戏。实践中，这是通过注册公司实现的。

以约翰为例，他是一位成功的律师，年薪100万美元，但一

第五章 税收不公正的螺旋上升

般个人支出仅为 40 万美元。想象一下 2050 年，在一个税收竞争最终消除了公司税的世界里，约翰会怎么做呢？他会创建自己的公司，约翰有限责任公司（John LLC），该公司会支付给他 40 万美元作为股息，以满足购买食物、西装、假期等需求，并会储蓄剩余的 60 万美元。尽管约翰挣了 100 万美元，但他只需缴纳 40 万美元部分的个人所得税。其余部分不征税：他的储蓄是免税的。所得税也将是一种简单的消费税。

当公司税率低时，任何数量的富人都可以变形为公司，并从中受益。律师、医生、建筑师和其他个体经营者都可以选择作为公司经营。金融资产所有者也可以将其股票和债券投资组合转移到控股公司。私营企业的所有者兼管理者可以决定大幅削减他们的工资，以使他们的更多收入留在公司里。即使高薪员工，如软件工程师、财务分析师、专栏作家，也可以成为独立承包商、公司，并且可以为他们提供的劳动向谷歌公司、花旗集团或《华盛顿邮报》开出账单。

富人的公司化是有威胁性的，这也就是为什么所有征收累进所得税的国家都要征收公司税。公司税是一种保护措施：它防止富人把他们的收入伪装成公司所得来逃避税务人员的稽查。这并不是它唯一的作用；例如，公司税还确保公司为其受益的基础设施提供资金。但防止逃税一直是其主要理由，也是为什么历史上公司所得税与个人所得税同时产生的原因。就像"挑战者号"航天飞机的 O 形环一样，如果公司税失灵，整个累进所得税体系就会崩塌。

一旦每个富人都成为公司，不仅累进所得税会消亡（现在它仅仅是消费税了），而且逃避这一残存的消费税也充满无限可能。

103

怎么做呢？在公司内部消费。约翰有限责任公司不是向约翰支付（应税）股息，而是会支付他的餐费、服装费、假期费和其他个人费用。这就是逃税，简单明了：可免税的公司支出是受到严格监管的，不包括个人消费支出。但是，当每个人都是一家公司，而且是一家假冒的公司时，它不对任何人负责，只对其单一所有者负责，执行这些规则和监督公司就变得不可能了。一个引人瞩目的例子是，不用看别的，看看今天的智利就可以了，那里绝大多数富人都有自己的私人公司，并且经常通过向公司收取个人费用来逃税。[23]

现在，最根本的问题已经显现：随着2018年美国公司税税率大幅下调至21%，并且公司税在全球也出现类似趋势，对富人而言，注册公司变得比以往任何时候都更有价值。对于任何人来说，如果能够节省其相当一部分收入，那么现在麻烦些变身为一家公司也是值得的，因为所有未消费的收入只需按21%的税率纳税。

这是无聊的幻想吗？世界各地到处都有收入转移的例子。[24]有记载的历史记录和当今的情况只有一个区别：直到最近，各国政府都在小心翼翼地限制劳动税和对富人征收的资本税税率之间的差异。差异确实存在，但通常也就是几个百分点。随着全球对资本征税的崩塌，我们正在进入无法无天的领域。

如果你震惊于20世纪80年代的避税手段，沮丧于美国巨头公司疯狂的利润转移，那么请屏住呼吸，我们现在正在进入税收不公正的第三个阶段。没有什么是永恒的，积极的变化很可能会及时到来。但就常规情形看，新一轮逃税浪潮即将爆发。随着全球税收竞争的加剧，和各国推动公司税税率的下降，下一场灾难的发生已经到了决定性的时刻。

第六章　如何阻止税收不公正的螺旋上升

　　2019 年，国际货币基金组织就公司税收和税收竞争的未来征求了一批专家的意见。该基金的大多数受访者回答说，在可预见的未来，税收竞争"可能会加剧"。[1]既然每个国家都有选择征税方式的主权，谁能迫使避税天堂停止它们的税收倾销呢？专家们一致认为，如果符合其利益，一些国家总是会提供比邻国更低的税收。可转移的利润致力于寻求最低的税收负担。也许，有很多办法解决令人震惊的各种形式的税收滥用。但是要以高税率向跨国公司征税吗？在一个越来越紧密结合的全球经济中？毫无希望。

　　这种观点是错误的。在全球化中，没有任何东西要求公司税消失。选择是我们自己做的。如今激烈的税收逐底竞争是我们集体做出的决定，可能这个决定并不是完全有意识或明确的，当然也不是一个经过透明和民主讨论的选择，而仅仅是一个选择。我们本可以选择协商合作，但我们没有这么做。我们本可以选择阻止跨国公司在低税收地区入账利润，但我们选择任由其肆意转移利润。从今天开始，我们可以做出其他选择。

为什么到目前为止，各国在协调合作方面步履蹒跚？

为了看到我们如何摆脱目前的困境，起初我们必须理解为什么迄今为止我们未能解决全球化带来的财政挑战。

首先，有一些相对温和且间接的解释。金融全球化是一种新现象。如今，全球近20%的公司利润是由总部所在国以外的公司获得的。[2] 21世纪以前，这个数字还不到5%（见图6.1）。这一微薄的利润是否被适当征税对国库来说无关紧要，因此学术界或政策界很少有人关心。这就是跨国公司利润激增让人们措手不及的原因。财政部默认的假设是，20世纪20年代的资产转让定价制度将持续有效。正如我们在前一章中看到的那样，这种假设过于乐观。但很少有人会想哪个制度可以取代它。这种无知使公司可以利用法律上的缺陷而几乎不受惩罚。

由于跨国公司活动不透明，所以公司避税的规模也需要时间才能变得清晰。一般情况下，公司并不需要公开披露它们在哪些国家入账利润。在提交给美国证券交易委员会的年度报告中，苹果公司提供了其全球合并利润的信息。但这家总部位于库比蒂诺（Cupertino）的巨头公司并未公开披露它在哪里入账这些利润，以及它在爱尔兰、德国或泽西岛子公司入账了多少利润（并因此在爱尔兰、德国或泽西岛缴税）。公众不可能知道苹果公司转移到避税天堂的资金有多少。其他大多数大型跨国公司也是如此。

然而，无知很容易就成为罪魁祸首。要实现公司税税率大幅下降，并不需要增强数据资源或特殊智慧。除了简单的不知道，对所做的选择也没有什么好的解释。

其中，首先是避税集团的成功游说。资产转让定价行业是由

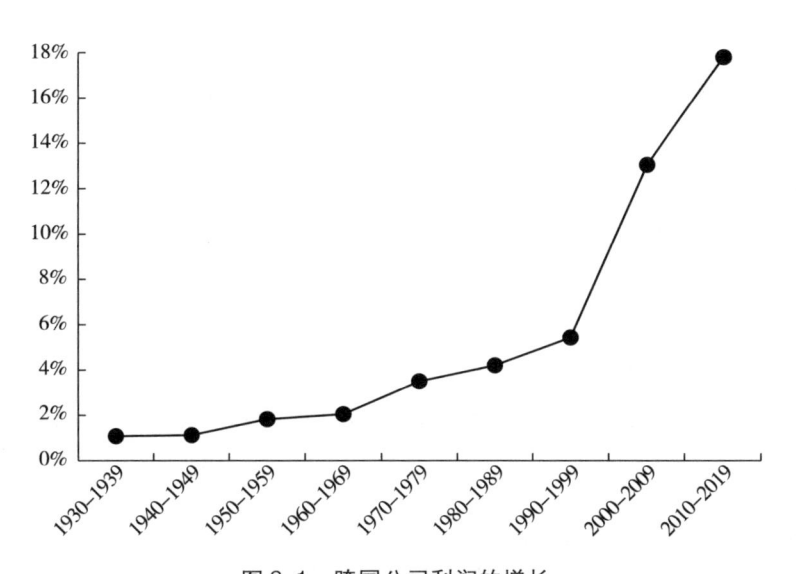

第六章 如何阻止税收不公正的螺旋上升

图 6.1 跨国公司利润的增长
（总部所在国以外的公司赚取的利润在全球公司利润中的比例）

注：该图描述了公司总部所在国以外的公司赚取的利润在全球公司利润中所占份额的演变。几十年前，这一比例很小（不到 5%），但在过去 20 年里，这一比例增长到了 21 世纪 10 年代的 18%。详情请见 taxjusticenow.org。

20 世纪 20 年代建立的公司税收制度支撑的，它在维护这一制度方面有着至关重要的利害关系。例如，如果对公司征税是按照合并实体征税，而不是按一个接一个的子公司征税，那么计算子公司之间交易的价格就没有意义。资产转让定价行业一夜之间也就会化为乌有。风险是巨大的：如今，无论是在四大会计师事务所工作，还是直接受雇于跨国公司，有 25 万专业人员在私人公司从事资产转让定价工作。[3] 如果认为当政策影响到他们的生死存亡时，他们仍然是被动的旁观者，那么未免太天真了。

逃税行业在确保尽可能少的国际协调合作方面也有既得利益。毕竟，如果所有国家都有相同税率，企业就不会在意利润从一个地方转移到另一个地方；在子公司之间转移专利也就变得毫无意义；向卢森堡子公司借钱也就毫无理由了。对世界而言，百慕大的公司税收政策显然是一个祸根，但对普华永道来说，却是福音。四大会计师事务所宁愿让你相信，税收竞争是不可避免的，或者是好的，或者两者兼而有之。如果没有税收竞争，它们的生意也就不是什么生意了。

有观点认为，税收竞争本身就是一件好事，如果没有税收竞争，政府就会变得太大，受这种观点影响，他们的游说已经合法化。根据这一由政治学家杰弗里·布伦南（Geoffrey Brennan）和经济学家詹姆斯·布坎南（James Buchanan）等人捍卫的世界观，[4] 经民主选举产生的多数派政府倾向于对财产所有者过度征税，而财产所有者随后成为多数暴政的受害者。为了防止这种风险，各国政府需要受到强有力的约束，例如国际税收竞争施加的约束。这一理念符合一个长期学术思想传统，即试图通过一些非民主制度，例如，通过宪法规则和法院来削弱民主，尤其是对财产的民主监管。

征税权需要受到制衡的观念就其本质而言并不荒谬。我们可以讨论如何以正确的方式设计税收政策，如此一来，宪法和法律的约束当然也就可以发挥作用。然而，认为税收竞争是一种福音的观点将民主中的不信任推到一个新的高度，即法院、宪法、制衡都不足以发挥作用。我们需要百慕大来保护我们不受多数暴政之害，来驯服利维坦；甚至那些被铭刻于宪法法典上的规则，也有可能无法保障财产安全。按照这种观点，在税收问题上，人们是无法理性地自我管理的。

尽管人们很容易将这一看法驳斥为边缘自由至上主义（fringe libertarian）幻想和美国怪癖，但低估其影响力是错误的。这种意

第六章 如何阻止税收不公正的螺旋上升

识形态不仅仅在美国有影响，在美国以外的国家也同样如此，包括欧盟。欧洲联盟条约（Treaty on European Union）是欧盟最接近宪法的条约，它要求所有成员国对任何共同的税收政策达成一致，由此将税收竞争变成了最终的合法条款。因为任何一个欧盟国家，无论多么小，都能够阻碍欧盟内部旨在统一税率的任何努力。卢森堡（人口：60万）可以向5亿欧洲人宣示自己的意愿。考虑到欧洲各大小国家的经济利益迥然相异（小国在税收竞争中有很大的胜算），事实上，这一规则阻止了任何形式的税收协调合作。尽管很少有明确的表述，但其根本原因似乎是欧洲福利国家太大，需要税收竞争使它们更加节俭。根据这个世界观，民主不足以完成这项任务。即使精心设计的后民主体制（欧盟委员会中未经选举且不偏不倚的决策者）也无法控制社会支出。意大利需要马耳他才会变得更加节俭，法国需要卢森堡，希腊需要塞浦路斯。

在现实世界中，税收竞争给我们带来的成本远远超过它可能带来的预期收益。正如我们看到的，如果没有足够强大的公司税，就不可能征收累进所得税，因为在公司税税率较低的情况下，富人会变身为公司，并将所得税转变为（几乎不可执行的）消费税。而且，如果没有累进所得税，我们几乎没有机会解决日益加剧的不平等问题。当然，有一系列的政策可以帮助我们减少不平等，从提高最低工资到改革公司治理、平等地接受高等教育、更好地监管知识产权，以及遏制金融业的过度行为。但是，累进所得税历来就是抑制财富集中的最有力工具。[5]

作为各国人民和相互联系的国家，我们正处在十字路口。在税收竞争的道路上，税收不公正将泛滥，不平等将继续加剧。幸运的是，还有其他同样可行的途径。阻止税收竞争的螺旋上升是可能的：在不久的将来，期望大型跨国公司缴纳一笔可观的税款绝非空想。可以从四个方面支撑这一有效的行动计划：示范性、协调性、防御措施，以及制裁搭便车者。

每个国家都必须监管其跨国公司

首先，示范性意味着每个国家都应该监管自己的跨国公司。美国应该确保，如果美国公司在国外纳税不足的话，至少要在美国缴纳它们应纳的每一毛钱。意大利也应该对意大利公司采取同样的措施，法国也是如此，应该对自己国家的巨头公司采取同样的措施。

为了理解这是如何操作的，让我们考虑一个具体例子。想象一下，通过转移无形资产和操纵集团内部交易，意大利汽车制造商菲亚特（Fiat）公司成功地在爱尔兰赚取了 10 亿美元利润，并以 5% 的税率缴税，在海峡群岛（Channel Islands）之一的泽西岛赚取的 10 亿美元利润则以零税率纳税。这里有一个问题：菲亚特公司的纳税比它应纳的要少得多；尤其是比意大利国内企业缴纳的税收要少得多。我们称之为"税收赤字"（tax deficit）。好消息是，通过征收避税天堂选择不征收的税，没有什么能阻止意大利抑制这一"税收赤字"。具体来说，罗马可以对菲亚特公司在爱尔兰的收入征收 20% 的税。它可以按 25% 的税率对菲亚特公司在泽西岛的利润征税。更一般地，它可以很容易地征收补救性税收（remedial taxes），使菲亚特公司在其经营的每个国家的有效税率都等于 25%。

第六章 如何阻止税收不公正的螺旋上升

这样减少菲亚特公司的"税收赤字"并不会违反任何国际条约。它不需要避税天堂的合作。而且，可能更令人惊讶的是，它甚至不需要新的数据：必要的信息已经有了。在民间社会组织的压力下，包围跨国公司活动的神秘面纱已经逐渐揭开。作为经合组织"税基侵蚀和利润转移计划"的一部分，大公司现在被要求逐国报告其利润和税收。哦，我们还远没有完全的财务透明，因为这些国别报告是不公开的，只向税务当局提供。但是它们是存在的：苹果公司现在必须向美国国税局报告它在世界各国赚取的收入；欧莱雅必须向法国报告类似信息，同样如此，菲亚特公司要向意大利报告。大约有 75 个国家已经开始收集这些信息，或者承诺在不久的将来会这样做，包括所有大型经济体。[6]

这看起来似乎是一个普通的税务管理问题，但你会意识到，正是由于这一丰富的新信息来源（利润和税收的国别报告），大国对本国跨国公司的监管从未如此轻松。在美国、法国、意大利，无论其巨头企业在何处运营，任何一个国家都可以确保向它们征缴 25% 的最低税率。实际上，任何一个国家都可以充当本国跨国公司的最后征税人。苹果公司在泽西岛按 2% 的税率纳税？美国可以向苹果公司征收其应纳未纳的 23% 的税收。总部位于巴黎的奢侈品集团，开云集团（Kering），在瑞士入账利润，按照 5% 的税率纳税？巴黎可以向开云集团征收应纳未纳的 20% 的税收。这样的政策将立即消除跨国公司在避税天堂入账利润的任何动机。它们仍将对入账于百慕大的利润支付零税收，但是这将变得毫无意义，因为任何减税都将被国内更高的税收完全抵消。

以这种方式监管跨国公司将给母国带来大笔税收收入。利用美国国税局 2019 年首次公布的 2016 年美国公司国别报告，我们

不公正的胜利

可以计算出如果美国对其跨国公司征收补救性税收，美国将会征得多少税款。2016年，美国大公司在全球的利润约为1.3万亿美元。就这一数额而言，它们（向美国和外国政府）缴纳了2 620亿美元的税款，相当于全球平均20%的有效税率。但是，在许多国家，它们的纳税要少得多：在巴哈马入账的220亿美元利润按照零税率纳税，在开曼群岛入账的240亿美元利润也按照零税率纳税，转移到波多黎各的390亿美元利润按照2%的税率纳税等。通过对每家美国跨国公司在不同国家的利润都强制实施25%的最低税率，在其他条件相同的情况下，2016年美国将额外获得近1 000亿美元的财政收入，相当于对美国跨国公司的全球有效税率提高7个百分点，从20%提高到27%。[7]

当然，如果这种补救性征税在2016年就实施，美国公司就会在百慕大入账更少的利润，在高税收国家入账更多的利润（毕竟，这才是这项政策的要点所在）。百慕大的一些利润将会在美国入账，并且纳税，从而增加山姆大叔的财政收入。但也有一些利润会在德国和法国入账，意味着美国通过征收我们描述的补救性税收，可以征收的额外税收将比1 000亿美元少一些。重要的一点是，美国公司以及最终公司的股东（其中大多数是美国人）将被迫在全球多支付1 000亿美元税款。同时，美国也将从其他国家征缴补救性税收中受益：如果法国明天对其跨国公司巨头适用最低税率，法国公司将减少在卢森堡的利润，并在美国报告更多收入，从而提高山姆大叔的财政收入。

在可预见的未来，期望大国开始监管其跨国公司是现实的吗？的确如此，因为这符合它们的利益。与贸易不同，税收竞争会使一些国家获益，一些国家受损，而且，所有大型经济体都处

第六章　如何阻止税收不公正的螺旋上升

于受损的阵营。它们有明显的激励阻止这场空壳公司游戏。正如我们在第四章看到的，通过适用低微的税率，小国征收了大笔公司所得税收入作为其国民收入的一部分。小国可谓收益颇丰，因为相对于其国内（小的）税基，它们吸引了大量外国利润。但是，大国通过效仿这一策略，不会有任何收获。是的，通过降低税率，它们也可能吸引外国利润。但与小国不同的是，大国通过吸引外国利润获得的任何收益都会被其国内商业部门税率导致的税收损失淹没。最终，无论何时降低税率，整体而言，大国都必定会征收更少的公司税。一个引人注目的例子是2018年美国的减税政策，该政策使联邦公司所得税收入骤降，减少了45%。[8] 与马耳他不同，美国永远不能通过成为避税天堂提高政府的财政收入。

而且，必须抓住的一点是，由于几乎所有跨国公司的总部都设在大型经济体，罗马、柏林和华盛顿的立法者可以通过对跨国公司在低税收国家的利润征收补救性税收，宣告逃税游戏的结束。[9]

一个重要的关键经验是：即使避税天堂不提高税率，国际税收竞争的螺旋式上升也可以停止。小国可能从实施低税率中获取巨大的利益，但是对其他国家而言，这并不是此时此刻提高对公司利润有效征税的障碍。

现在就开始国际间的协调合作

就这一点而言，你可能想知道，如果大国真的对其跨国公司实施监管，并开始充当最后征税人，那么会发生什么呢？菲亚

113

特、苹果和欧莱雅这些跨国公司难道不会把它们的总部搬到避税天堂吗？幸运的是，有很多种方式解决这一威胁，其中最重要的就是国际合作。

正如我们看到的，大多数国家已经同意协调其法律，以限制明目张胆的利润转移。下一步显然是大国之间需要就共同的最低税率达成一致：G20成员（包括世界上所有最大的经济体）可能都会同意，无论其跨国公司在哪里运营，都将对它们适用25%的最低税率。这些国家已经掌握了适用这一最低税率的必要信息。而且，作为最后征税人是符合其利益的。尽管这可能看起来很奇怪，尽管近年来税收竞争还在加剧，但解决方案似乎触手可及。

G20成员之间达成的最低税收协议并不能解决所有问题。企业仍然可以通过将总部转移到避税天堂逃避税收。这个问题在公众讨论中赫然出现。在美国，"税负倒置"（tax inversions）的幽灵始终困扰着政策制定者，美国公司可以在爱尔兰或其他低税收地区与外国公司合并，而且通过这种方式就可以采用合作伙伴的国籍，进而将原本的高税率变为低税率，以达到避税的目的。

但是，这种危险被夸大了。在所有关于税负倒置的讨论中，很少有公司已经将总部迁往热带岛屿。诚然，有一些引人注目的案例：2001年，咨询公司埃森哲（Accenture）从芝加哥迁至百慕大（之后的2009年迁至爱尔兰）；2005年，金融咨询公司拉扎德（Lazard）将其纽约总部迁至百慕大；自2002年以来，膳食补充公司康宝莱（Herbalife）一直是开曼群岛的荣誉国民。根据彭博社（Bloomberg）提供的逃税避税记录，1982年至2017年间，共有85家美国公司迁移海外（其中许多公司在制药行业，而且

第六章　如何阻止税收不公正的螺旋上升

大多数公司你从未听说过）。[10]除此之外，我们还可以加上几家一开始就把总部设在离岸金融中心的公司（或者很久以前就迁移的公司），其中最著名的可能是油田服务业巨头斯伦贝谢（Schlumberger）公司，总部位于加勒比海南部的库拉索岛。

所有这些听起来似乎很让人担心，但你会意识到其实所有这些也就是沧海一粟，微不足道。如今世界上最大的 2 000 家公司中，只有 18 家总部设在爱尔兰，13 家设在新加坡，7 家设在卢森堡，4 家设在百慕大。[11]近千家大公司的总部设在美国和欧盟，而其他大多数公司则分布在中国、日本、韩国和其他 G20 成员。

尽管有这么做的动机，但实际上很少有公司会出现"税负倒置"，原因可能在于企业的国籍并不容易被操纵。一个公司的国籍定义受到严格的规则约束。例如，一家公司一旦在美国注册成立，那么就不能简单地将其总部迁往国外，任何这样做的公司都将继续被视为美国公司，并在美国被征税。美国公司只能在外国并购的背景下改变国籍，即通过与外国公司合并来改变公司国籍。而且，对于这些产生法律上有效的"税负倒置"的公司合并而言，必须满足一些明确的条件，随着时间的推移，这些条件也在不断地被强化，特别是 2016 年美国总统奥巴马执政期间。最重要的是，所有权方面必须是一个有意义的实质转变：一家美国公司不能通过与大西洋中部的空壳公司合并而成为百慕大公司。实际上，对于美国的巨头公司来说，将公司总部搬迁到人烟稀少的加勒比海岛屿是不可能的。自从奥巴马执政期间的规定（至特朗普任期时仍然保留）实施以来，"税负倒置"就完全停止了。

第二个关键经验是，即使只有少数几个大国参与，国际协调

115

不公正的胜利

合作也可以遏制逃税行为。如果 G20 成员明天对其跨国公司征收 25% 的最低税率，全球 90% 以上的利润将立即被实际征收 25% 或更高的税率。

如何对逃税者的税收赤字征税

国际协调合作将需要些时日，在可预见的未来，发挥的作用可能也仍然有限。这就是为什么我们计划的第三个方面包括了一些防御性措施，这些措施主要针对那些总部设在拒绝参与国际合作的国家的公司。

我们举个具体的例子：瑞士雀巢（Nestlé）公司。假设瑞士拒绝对其跨国公司进行监管，可能是因为瑞士认为，离经叛道符合其国家利益，或者是因为其决策者被富有的公司股东俘获。因此，雀巢公司被以非常低的税率征税，而且，瑞士拒绝按照国别征收 25% 的最低税率。这样你就知道了，一个巨头企业可以逃税，并且可以把利润转移到离岸避税天堂，而完全不受惩罚。那该怎么办呢？

简言之，高税收国家应该向雀巢公司征收瑞士拒绝征收的税款。最简单的机制就是将雀巢公司这家瑞士巨头企业的全球利润按照其销售地点分配。如果雀巢的全球销售额有 20% 在美国，那么无论雀巢公司在哪些国家雇用员工或拥有工厂，无论其总部位于何处，也无论在哪里拥有专利，美国都可以维护自己的权利，认定雀巢公司全球利润的 20% 是在美国获得的，并应该相应地在美国纳税。如果雀巢公司全球销售额的 10% 来自法国，那么巴黎同样可以认为雀巢公司全球利润的 10% 来自法国，并相应征税。

第六章 如何阻止税收不公正的螺旋上升

这是无聊的幻想吗？当然不是，因为美国大多数州已经采用这一方式征收公司税了。44个州有其本州的公司税（其中，艾奥瓦州的税率高达12%），这也增加了联邦公司税。为了确定可口可乐公司的利润有多少应该在加利福尼亚州纳税，金州（Golden State，加利福尼亚州的别名）税务局将可口可乐公司在美国的利润按照其销售地分配。一些州使用了更复杂的分配公式，如堪萨斯州、阿拉斯加州和马里兰州，不仅考虑了销售地点，而且考虑了公司财产和员工所在地。但是，随着时间的推移，美国大多数州已经趋同于使用仅基于销售地进行利润分配的公式。这样的利润分配是一种经过时间考验的机制，加拿大各省和德国各市也都采用了这种机制。[12]没有什么能阻止各国（不仅是地方政府）实施这一制度。

实际上，有一个更加强大的机制可以用来打击逃税者。高税收国家可以分配雀巢公司的税收赤字，而不是分配雀巢公司的全球利润。具体地说，美国（以及任何其他希望这样做的国家）可以计算雀巢公司的全球税收赤字，也就是说，雀巢公司需要在其经营的每个国家按25%的有效税率缴纳额外的税收。如果这家瑞士巨头公司在美国的销售额是全球的20%，那么山姆大叔将征收雀巢公司全球税收赤字的20%。实际上，美国和销售雀巢公司产品的其他国家将担当起最后征税人的角色，瑞士拒绝这一角色也无济于事。

据我们所知，这种有着许多优点的解决办法以前从未被提出过。

首先，这是立即可行的。正如我们看到的，关于跨国公司的国别利润、税收和销售信息已经存在。以雀巢公司为例，这

不公正的胜利

些信息是由瑞士税务局收集的，但自2018年以来，信息已经与外国进行了自动交换。根据经合组织的数据，截至2019年2月，有超过2 000对国家自动交换了国别报告。[13]法国、美国和雀巢销售其产品的其他大多数国家已经掌握了这些信息，计算出雀巢公司全球的税收赤字后，也就可以征收属于它们的未纳税款。即使没有这些信息，它们也可以很容易地获取。在允许企业进入国内市场方面，各国已经设定了各种各样的条件，如安全条例。没有什么能阻止在这些条件清单上增加最低限度的财务透明度。

我们的解决方案有第二个好处，它们没有违反现行国际条约。多年来，各国已经签署了无数公约，以防止发生企业被双重征税的风险。实际上，这些条约以及其中一些不一致之处，已经为各种各样的逃税行为打开了大门。尽管如此，许多政府和经合组织仍然遵循这些国际公约，而且改革公司税的其他尝试也被阻止，理由是它们会违反这些神圣不可侵犯的公约。但是，因为我们建议的防御性税收（defensive tax）只会在一家公司缴纳低于25%的最低标准税率的情况下才会被征收，所以我们构建的解决方案不会引入任何形式的双重征税。因此，它并不违反双重征税的国际条约。

所有国家都有动机实施我们描述的防御性税收，原因很简单，那就是成为最后征税人符合每个国家的利益。不这样做就意味着把钱留在桌子上让别人抢！如果跨国公司销售产品的那些国家都实施这种防御性税收，那么每家跨国公司的税收赤字将会被全部分配。即使是总部设在百慕大的公司也将面临25%的最低有效税率。逃避税收的行为无所遁形。

第六章 如何阻止税收不公正的螺旋上升

对避税天堂的制裁

当然，我们不应低估逃税集团的聪明才智。未来，律师可能会发现新的漏洞。这就是为什么任何有效的行动计划都有第四个组成部分：对那些出卖主权、使逃税者得逞的避税天堂实施制裁。

制裁不合作的避税天堂有充分的经济理由。每个国家都有权制定其法律，但是当这些法律具有重大的负外部性时，受害者有权回击。拒绝参加执行最低限度的全球标准，如25%的有效税率，应被视为一种极端倾销形式，一方面这些全球标准无论从国际上还是历史上看都不是特别高；另一方面，这种极端倾销行为是在牺牲所有其他人利益的基础上填补了一些小国的国库，而且，更重要的是丰厚了全球股东的利益。这种做法必须受到遏制，例如对与不合作的避税天堂的金融交易征税。正如我们在第三章看到的，美国成功地利用金融交易税的威胁，迫使避税天堂与美国国税局自动共享银行数据，为许多人认为不可能达成的新形式的全球合作铺平了道路。同样的方法也可以用来说服那些持反对意见的人接受共同的公司税收标准。

反对这种做法的主要论点是，税收是国家特权，而且向一个国家施压以提高其公司税税率侵犯了其国家主权。在美国施压下改弦更张之前，瑞士正是利用这一论点为其银行的保密行为以及缺少与其他国家税务当局的合作而辩护的。在一系列丑闻使离岸税收滥用的规模明显化之后，美国开始向瑞士施压。改变的关键是量化避税天堂强加于其他国家的负外部性的规模。如今，我们终于可以获取跨国公司在其开展业务的每个国家入账的利润总额

119

数据，如此一来，我们就有条件准确地评估爱尔兰的税收政策到底导致美国和法国的税收减少了多少。再也没有任何理由忽视一些国家强加于其他国家的财政外部性了。

从向税率逐底竞争转变为向税率逐高竞争

政治上，现实的前进道路是什么呢？期望 G20 成员都会同意监管本国的跨国公司、加入最后征税人俱乐部，并对避税天堂实施制裁，这可能有些过于乐观了。但希望至少有一些国家会这样做也并非不合理。全球约有一半的跨国公司总部设在美国和欧盟；这两个经济体加起来也占全球消费的 50% 以上。如果它们共同采用我们提议的机制，世界上高达 75% 的利润，即美国和欧洲跨国公司的所有利润（占全球利润的 50%），加上所有其他公司利润的一半（25%），将它按照 25% 或更高的税率征税。我们认为，这种性质的协议应该是今后几年所有跨大西洋合作支持者的首要目标。

更宽泛地说，要在政治上取得进展，就需要把税收问题放在贸易政策的核心位置。未来的贸易协议除非在税收方面达成协调合作，否则不应该签署。如今，大多数自由贸易协定都是最大限度地保护外国投资者的财产权利，但是，如果完全无视税收，签订这些条约又有什么意义呢？所有权不能只是财产权利，而没有税收义务。

有了足够高的税收门槛，国际竞争的逻辑将会被颠覆。一旦税收不在考虑范围之内，企业就会在劳动力高产、基础设施质量好、消费者有足够购买力消费产品的地方开展业务。各国也就不

第六章　如何阻止税收不公正的螺旋上升

会以大幅降低税率的方式参与竞争，而是会以增加基础设施支出、投资教育和资助研究的方式参与竞争。国际竞争将有助于各国之间更加平等，而不是主要改善公司股东们的最终获利。

而且，没有什么能阻止各国将公司税税率的最低标准提高到25%以上。例如，假设美国明天单方面适用50%的公司税税率。从历史上看，即使美国的税率明显高于经合组织成员国的税率，很少有美国公司为了逃税避税而倒戈，20世纪90年代末至2018年的情况也是如此。但是，让我们想象一下，面对50%的税率，许多美国公司会把总部迁往国外。再进一步看，如果所有美国新成立的公司都在美国以外注册怎么办？无论发生哪种情况，山姆大叔仍然可以有效利用税率为50%的防御性税收，获得非常可观的财政收入。企业没有任何方式可以逃避这一税收：如果它们的产品在美国销售，而且在国外缴纳不到50%税率的税收，那就必须在美国纳税。

与国际货币基金组织委派调查的那些专家的看法相反，全球化并不能阻止各国以高税率向公司征税。有些人声称公司所得税税率的逐底竞争是自然的，声称对避税天堂实施制裁是对自由贸易的犯罪，它们不是全球化的捍卫者。使全球化可持续发展的不是对资本征税的消失，而是对资本征税的革新。这不是相互竞争，而是协调合作。这不是忽视财政问题的自由贸易协定，而是促进税收协调的国际协定。当人们欣然接受这些观点时，一切都将明朗起来，累进税并非注定要消亡，而是可以在一体化的全球经济中得到革新和拓展。

第七章　向富人征税

在吹嘘逃税让他变得聪明之后，当时的美国总统候选人特朗普最终提供了关于他超凡会计能力的更多细节。"我可以把资产的金额记为费用或损失，以有效减少该资产的价值和收入。其中很大一部分是折旧，这是一项了不起的费用。"特朗普在第二次总统辩论中说，"我喜欢折旧"。为了夸大他认为税收制度是一场骗局的说法，他接着援引希拉里·克林顿的富人支持者的例子，并声称这些人也没有缴纳多少税收。"她的许多朋友享受了更大的税收扣减。沃伦·巴菲特（Warren Buffett）就获得了巨额扣减。"

我们对特朗普心中的"巨额扣减"是什么还不清楚，但由于巴菲特曾经以承诺将其一生中大部分财富捐献而闻名，慈善捐赠的税收扣减很可能是一个主要考量。由于被这种控诉刺痛，第二天伯克希尔·哈撒韦公司（Berkshire Hathaway）的董事会主席兼首席执行官巴菲特发表了一份声明，详细说明了他的税务事宜。他说："我 2015 年的纳税申报表显示，经调整后的总收入为 11 563 931 美元"，而且巴菲特确实纳税了，"我当年的联邦所得税是 1 845 557 美元。往年的纳税申报表也是类似的性质。我从 1944 年 13 岁开始，每年都会缴纳联邦所得税"。这与特朗普在电

第七章 向富人征税

视上宣称的相反，根本没有巨额扣减。这份声明证明这位"奥马哈的先知"巴菲特是一位负责任的公民，他不像真人秀明星一样，没有逃避承担社会责任。

事实上，恰恰相反。据《福布斯》报道，巴菲特在2015年拥有653亿美元的财富。对于他拥有财富的确切回报率，我们不得而知，但我们可以保守地假设为5%。如果属实的话，这意味着巴菲特2015年的税前收入至少达到653亿美元的5%，或者32亿美元。巴菲特自豪地披露，从这些收入中，他支付了约180万美元的联邦所得税。你来算算：当特朗普吹嘘自己没有纳税的时候，巴菲特反驳说，他有不同的道德品质，确实是，他的有效所得税税率约为0.055%。

有责任心的纳税人都是一样的；每个逃税者都有各自的逃税方式。特朗普避开了从父亲那里继承巨额财富而需缴纳遗产税的责任，然后利用税务筹划行业为他量身定制各种逃税方案，以削减他的所得税账单。[1]巴菲特则另辟蹊径。他的财富主要来自他的公司——伯克希尔·哈撒韦公司——的股份。伯克希尔·哈撒韦公司不分配股息。当它投资于其他公司时，也会迫使其他公司停止派息。这种花招的结果是什么呢？几十年来，巴菲特的财富一直在他的公司里积累，免于缴纳个人所得税。长期再投资的利润逐年推高了伯克希尔·哈撒韦公司的股价。如今，伯克希尔·哈撒韦公司股票的每股价格约为30万美元，是1992年的30倍。为了满足任何消费需求，巴菲特只需卖些股票即可。例如，他以每股30万美元的价格卖出40股股票，就可以将1 200万美元转到个人银行账户。然后，他只对刚刚实现的少量资本利得纳税，这是一笔不多的税收。仅此而已。

巴菲特曾有一个著名的感叹：他纳税太少了，而且立法者也提出了一些纠正这种不公正的建议。这些努力中最著名的是2011年巴拉克·奥巴马和2016年希拉里·克林顿提出的，包括对年收入超过100万美元的个人适用30%的最低税率。这种"巴菲特规则"（Buffett rule）已经成为民主党税收平台的支柱。本应解决的问题是，由于资本利得的最高税率（2019年为20%）低于工资收入的税率（37%），所以巴菲特（主要是资本利得）适用的税率低于其秘书（主要是工资收入）适用的税率。但问题依然存在：当巴菲特出售少数股票时面临的20%的税率仅仅是其实际收入的纳米级部分。这个纳米级部分的30%更是无穷小。如果"巴菲特规则"得以实施，将不会对巴菲特本身的税单产生任何有意义的影响。

特朗普和巴菲特自己承认，他们缴纳了微不足道的税款。即使那些自诩为合法纳税的亿万富翁也不会为国库贡献太多。正如我们看到的，当考虑到所有税收时，超级富豪作为一个整体享受着比中产阶层更低的有效税率。今天摆在桌面上的大多数提案对解决这一问题的作用甚微。我们怎样才能摆脱这场混乱呢？

为什么要对富人征税？ 为了帮助穷人

首先要问的问题是，对富人适用的理想税率是多少？尽管有很多种方式思考这一问题，但一个很好的出发点是哲学家约翰·罗尔斯（John Rawls）提出的社会正义理论，这一理论在社会科学家中得到了广泛认同。罗尔斯认为，如果社会和经济的不平等提高了社会中最弱势群体的生活水平,那么社会和经济的不平等是可以接受的。[2]当应用于税收政策时,这个观点建议我们不应该关注富人的货币利益,而唯一应该关心的是向富人征税如何影响其他群体。目标不应该是"让富人支付他们应缴纳的税收"(这是一个有些模糊的概念),而应该是确保一些人的巨额财富可以使最穷困的人受益。

具体来说,这意味着如果提高最高税率会减少税收(例如,因为这会使富人减少工作),那么税率就应该降低。在这种情况下,减少对富人征税将增加政府的财政收入,政府可以将财政收入用于改善穷人生活条件的医疗、儿童保育和其他社会服务。相反,只要提高税率能够产生额外的财政收入,那么税率就应该继续提高,因为增加财政收入是符合社会最弱势群体利益的。简单来说,对富人征税的最优税率就是能够最大限度提升财政收入的税率。这在经济学家中也毫无争议。这是直观的:每个人都会赞同,额外的每一美元在穷人手中比在比尔·盖茨手中更有价值。对富人征税多一点也不会阻止他们提供良好的儿童保育,但是如果提高税率允许那些为他们端茶倒水或打扫房间的人也有良好的儿童保育,这就是值得的。[3]

考虑到这一目标,税收成为一个应用工程问题。在20世纪20年代,天才数学家和经济学家弗兰克·拉姆齐(Frank Ramsey)正式证明,如果所有纳税人面临相同的税率,最大化政府财政收入的税率与应纳税收入的弹性成反比。[4]这是什么意思呢?我们在第五章中介绍了弹性的概念。如果应纳税收入是没有弹性的,则意味着当税率上升时,纳税申报的收入不会有太大变化。在这种情况下,美国财政部会通过提高税率机械地获得更多收入。相反，如果应纳税收入很有弹性，那么高税率就会大大降低税基，以至于政府就不会获得太多财政收入，而且这也是不可取的。这就是最优税收的基本原则，称之为"拉姆齐法则"（the Ramsey rule）：政府不应该对有弹性的事项征收太多的税。

拉姆齐的方法是有局限的，因为它只考虑了单一税率，即所谓的单一税率税，而单一税率税是一种粗糙的税收工具。原则上说，所得税可以累进征收，收入越高应该适用越高的边际税率。实际上，正如我们看到的，所得税在几乎所有民主国家都是这样运作的。20世纪90年代末，研究人员扩展了拉姆齐的结论，并研究了当所得税累进时适用于富人的最优税率。在标准的"拉姆齐法则"中，最大化政府财政收入的最高边际所得税税率与应纳税收入的弹性成反比。但是有一点不同：事关紧要的弹性仅仅是富人的弹性。而且，最优税率现在还取决于不平等的程度：收入集中度越高，对富人施加的最优税率就越大。[5]

富人的最优平均税率：60%

考虑到这一理论，我们可以看到，在政府选择以最高税率对富人征税时，富人相应改变行为的方式是一个关键参数。在公开讨论中，有一种观点常常被认为是不言而喻的，那就是富人申报的收入一定非常有弹性，因此不能对他们征收太多的税。但实际上，事情要更复杂一些，因为弹性不是不可变参数。它们深受公共政策的影响。

毕竟，富人可以通过两种方式应对更高的税收。第一，改变他们的实际经济行为：例如，减少工作时间，或者选择利润较低

第七章　向富人征税

的职业。没有什么可以阻止他们这样做，这是他们的权利。第二，也是更普遍的反应是避税。与更基础的税收应对措施相反，政策制定者可以大幅减少避税。

当公司在热带岛屿入账利润时，当律师注册公司时，当医生在避税天堂投资时，他们并不是受到自然规律的驱使。当税法倾向于支持某些形式的收入而不是其他形式的收入时，当政府允许人们利用这些差异时，这种行为就会出现。但这些有时被容忍甚至被鼓励的行为，也可以受到监管和禁止。无论是资本利得还是劳动收入，无论是消费还是储蓄，无论是在百慕大还是在美国入账利润，无论是支付到苏黎世还是巴黎的银行账户，当所有收入都按同样的税率征税时，而且，当逃税计划的提供受到严格限制时，避税几乎可以消失。在这种情况下，富人除了减少其真正的经济资源，也就是选择变得更穷之外，无法逃税。

人们很少自愿变得更穷，即使为了逃避税收这样崇高的理由。通常，税法引起实际行为的变化是相当有限的。只要史蒂夫·乔布斯的税率为零，他就会再发明一个 iMarvel，这显然是不可能的。或者说，如果《国内税收法》（Internal Revenue Code）的措辞有所不同，马克·扎克伯格将选择从事美术职业，这显然也是不可能的。是的，苹果公司确实将利润转移到了泽西岛，而且一个庞大的产业在帮助富人削减他们的税收。但这就是在宽松的监管环境中蓬勃发展的避税。

例如，1986 年的《税制改革法案》将最高边际所得税税率降低到 28%，导致富人申报的收入额上升。但是，这一增长主要是由于避税策略变化而产生的，而不是因为劳动力供给的增加，也就是将企业组织形式改变为合伙性质，从而通过缴纳个人所得税来规避35%的公司税率，这是有利可图的。[6]当避税被遏制时，现代研究告诉我们，通常应纳税收入的弹性相当低，因此最优税率会相当高。

准确地说，最优税率到底有多高呢？不会高达100%。在这一税率上，大多数人宁愿花时间与家人在一起或照料他们的菜园，而不仅仅是为了整个社会的利益而工作。但是，大量研究表明，为了获得最大可能的财政收入，适于向富人征税的最高边际税率徘徊在75%左右。我们说的富人是指2019年收入超过50万美元的人，也就是收入前1%的群体。[7]这一估算建立在过去20年许多实证研究的基础上，也是如今最好的结论。如果避税的机会有限，富人对税收变化的反应就会很温和：每当他们的留存率提高1%（额外赚取的每一美元税后不是留存70美分，而是会保留70.7美分），他们就会更加努力工作，相应地将税前收入提高约0.25%。[8]这意味着，当富人被更重地征税时，税基不会缩水太多，说明最优的最高边际税率在75%左右。

关于这一结论有几件事要考虑。首先，我们正在讨论的是边际税率，这个税率只适用于如今超过50万美元高起征点的收入。相关的平均税率低于这一水平，因为任何低于这一高门槛的收入都会少缴税。只有超级富豪的边际税率和平均税率是相同的。具体来说，如果明天对50万美元以上的收入适用的边际税率提高到75%，美国最富有的1%群体适用的平均税率将达到60%。[9]换言之，顶层纳税人群的最优平均税率为60%，也就是说，在最富有的1%群体中，底部人群的税率低于60%，超级富豪的税率高达75%，以及最富有的1%群体的平均税率为60%。从许多方面来说，用平均税率推理更为透明，这使人们可以更具体地了解到各收入群体对社会融资需求的真正贡献。考虑到平均宏观经济税率在30%左右，平均60%的税率就意味着从纳税额占收入的比例看，美国最富有的1%群体是平均收入群体的2倍。

其次，这些最优税率考虑了各级政府的所有税收。也就是说，对富人60%的最优平均税率不仅应包括联邦所得税，还应包括州所得税、富人缴纳的一部分公司税、工资税、销售税等。由于工资税是封顶的，而销售税对顶层收入群体来说微不足道，因此75%的最优最高边际税率应该被认为是联邦所得税、任何州所得税和公司所得税的组合。

最后，必须明确指出，在不改变税法或税收执法的情况下，提高最高税率是个坏主意，因为流通中的逃税方案很多。在我们能够有效地对富人征缴更多税收之前，必须限制避税。我们需要创建一个机构，使强大的税收制度即便是在极端不平等的时代也能够长期持续。

如何阻止富人逃税：公共保护局

第一步是建立一个我们称之为公共保护局（Public Protection Bureau）的机构，负责监管逃税行业。在美国，如同联邦机构监管各个行业一样，如消费者金融保护局（the Consumer Financial Protection Bureau）监管金融部门、联邦航空局（the Federal Aviation Agency）监管航空部门、食品和药品管理局（the Food and Drug Administration）监管制药行业，公共保护局也应该监控提供税务相关服务的企业，并确保它们的做法不会损害公众利益。

不公正的胜利

正如我们在本书中看到的，推动了逃税避税行为的是逃税计划的提供者，而不是纳税人本身。在每一次避税风波背后，都是逃税市场创造力的爆发。当然，在现行法律中，有一长串的漏洞应该被堵住，否则后来会有更多漏洞出现。但堵住这些漏洞并不能触及问题的核心。20世纪80年代所得税避税激增，这并不是对新推出的减税政策的回应，而是逃税行业"创新"的直接结果。20世纪90年代和21世纪，当公司税避税爆发时，我们看到了同样的情况：自20世纪20年代以来，促进新的税收滥用行为的资产转让定价制度已经有了。为了遏制税收不公正，我们必须消除税收欺诈的供给。

不幸的是，在监管逃税行业的问题上，国税局以卵击石。这有几个原因。第一，国税局在税收执法方面的预算急剧下降。在过去10年里，经通货膨胀调整后的国税局预算下降了20%以上。[10]更低的预算意味着更少的审计师：2017年，国税局只有9510名审计师，低于2010年的14000多名。而上一次的不到1万名审计人员是在20世纪50年代中期，当时美国人口只有如今的一半。第二，收入补偿。考虑一个人通过创造成功的逃税而获得的回报，为四大会计师事务所工作获得的收入要远多于为打击逃税的公共服务工作获得的收入。

最后一个，也是至关重要的是国税局很容易受到政治变幻莫测的影响。在公共服务的日常运作中，主要风险并不是受到行政部门的直接干预。它比这更微妙，更基本。国会和现行政府影响着税收执法：它们决定了可供税收审计的资源，它们影响着国税局挑战富人减税策略的力度，它们会影响实质课税原则的应用。[11]即使这些选择并非由总统直接决定，也是受到华盛顿主流意识形

第七章 向富人征税

态的影响。例如，当执政党将遗产税丑化为对神圣财产权的攻击时，国税局不可能投入大量资源来执行遗产税（事实上，正如我们在第三章中看到的那样，自1980年以来，遗产税的审计频率已经大幅下降）。这种对税收执法的隐形侵蚀是不民主的，也是对任何累进税制的威胁。为了避免在21世纪出现一种新的逃税避税狂潮，我们需要一个机构，使包括公众、税务会计行业、国税局在内的所有人都能信任，不管执政党是谁，都能有效应用法律的精神。国税局本身将永远被视为单方面的行动者，这就是为什么一个独立的机构可以发挥有益的作用。

公共保护局应该有两个宽泛的任务。第一，也是最重要的一点，它应该执行实质课税原则，这一原则将以逃税为唯一目的的所有交易都认定为非法。税收执法从收集必要的信息开始。根据法律，公共保护局应自动了解税务规划行业的任何商业化新产品：集团内知识产权的销售、对虚假合伙企业的投资、隔代信托等。通过这种方式，公共保护局可以发现为帮助富人和企业逃税而创造的新产品。那些不披露其行为的企业应该受到严厉的处罚。而且，所有违反实质课税原则的税收筹划产品都应立即被取缔。

第二，美国公共保护局将监督外国的税收行为，并指示财政部对那些抽走美国税基的避税天堂实施经济制裁。当英属维尔京群岛允许洗钱者以1便士的价格创建匿名公司，或者当卢森堡向跨国公司提供甜蜜的秘密交易时，它们窃取了外国的财政收入。在自由交换的逻辑中，没有任何东西可以证明这种盗窃行为是正当的。主权贸易需要受到更加严格的监管，例如对与搭便车的避税天堂从事金融交易征税。[12]

堵塞漏洞：相同收入、相同税率

另一个遏制避税的关键步骤就是对常识的简单应用：收入相同的人应该缴纳相同的税款。这看起来似乎是显而易见的，直至你意识到21世纪头20年的大多数改革都是相反的。从2003年对股息的优惠税率到2018年更低的企业所得税，美国立法者的主要关注点一直是对资本利得的征税低于对劳动收入的征税。同样的趋势在法国也可以观察到，2018年，马克龙政府对利息和股息采取了单一税率税，实际上在欧洲的其他国家也是如此。

对相同收入的人征收相同的税是"堵塞漏洞"的具体应用。这有几个方面的影响。

首先，这意味着每个收入来源都应适用累进个人所得税：不仅包括工资、股息、利息、租金和企业利润，还要包括资本利得，目前在许多国家（包括法国和美国），资本利得是按较低的单一税率征税的。没有任何令人信服的理由可以证明，对资本利得征税要低于对其他来源的收入征税。这种做法只会鼓励富人将其劳动收入和商业利润重新分类为资本利得。历史上许多国家之所以采取这一次优政策（second-best policy），是因为税务机关没有跟踪资产（股票、债券、房屋等）的购买价格，以至于难以对资本利得征税。在美国，国税局2012年才开始系统地收集这些信息。但是，由于当今计算能力充足且成本低廉，累进资本利得税可以强制实施，包括那些超过一代人的资产增值的情况。[13]反对意见普遍认为资本利得税在企业出售时不公平地施加了巨额税单（因为资本利得是一次性暴利），而这种反对可以通过分散支付来解决，正如在遗产税情况下通常做的那样。

此外，鉴于如今政府已经知晓了资产购买日期，所以它们可以通过从资本利得中去除价格通胀的机械影响来改进税法。在我们当前的税制中，对于2012年以100美元购买、2020年以150美元出售的资产而言，产生的应纳税资本利得为50美元。这没什么意义：在50美元的增值中，20美元对应的是一般的价格通胀，而不是收入；只有30美元对应的是真正的资本利得。对20美元征收的税相当于财富税，一种模糊且随机的财富税，因为它是由通货膨胀率决定的。这种隐性财富税应该被抛弃，而且只有30美元纯粹的资本利得才应该被征收累进所得税。这是我们都能同意的减税措施！

结束公司逃税避税：一体化

"同等收入意味着同等税收"原则的第二个应用是，公司所得税和个人所得税应该被合并为一体，就像欧洲国家过去那样进行整合，澳大利亚和加拿大等其他国家现在仍然如此。将公司所得税和个人所得税合并为一体意味着，一旦企业将利润分配给股东，企业缴纳的任何企业所得税都将从个人应纳所得税中扣除。以约翰为例，他是一位富有的股东，适用的边际个人所得税税率为50%。假设约翰拥有一家公司，该公司盈利100美元，缴纳了20美元的公司税，并分配了剩余的80美元作为股息。下面就是公司所得税和个人所得税合并机制的工作原理：约翰会将100美元的全部利润（不仅仅是80美元的股息）计入他的个人应纳税收入中。他将为这笔收入交纳50美元的税，即适用于他的50%的边际所得税税率乘以100美元。但鉴于他的公司已经交纳了20

美元的公司税，所以他的税单将减少20美元，即降至30美元。

这种机制承认了一个基本事实，那就是公司所得税只是个人所得税的预缴税款。这样做有很多优点。首先，它大大降低了企业逃避公司税的动机。想象一下，在四大会计师事务所的精心建议下，苹果公司完全避免了税收：在一体化机制中，其富有的股东将不会获得任何税收抵免，而且（在上面的例子中）必须缴纳其在苹果公司利润中所占份额的50%的全额税收。苹果公司缴纳的任何税收都将从股东层面的税单上一美元一美元地减去。几乎可以肯定，在这样一个世界里，苹果公司将会削减其逃税预算。

这种一体化机制的另一个优点是它可以消除失真。例如，一个企业成立（须缴纳公司税），或不成立（其所有利润转移给其所有者，并须缴纳个人所得税，如在美国的合伙企业），都是中性的。对公司而言，发行债券或股票也是中性的，因为利息和股息的支付都有相同的税收影响。更一般地说，这种一体化机制确保了资本利得和劳动收入被同等征税，不减不增。在上面约翰的例子中，我们看到100美元利润的总税额是50美元：公司支付了20美元，加上约翰支付的30美元。这是50%的税率，如果约翰获得的不是公司利润，而是个人工资，他也会面临同样的税率。为税收目的放弃对劳动收入和资本利得一视同仁的理想从来都不是一个好主意，因为这样做总是会创造避税的机会。而且，避税减少了被征集的财政收入。如果目标是税收累进，我们不应该通过对资本利得征收比劳动所得更多的税，而应该通过更高的最高边际所得税税率对所有收入更加累进地征税。

尽管美国从未实行过一体化的所得税，但在20世纪的大部分时间里，这一制度在欧洲都是一种常态：英国、德国、意大利和法国等国家过去都依赖于这一制度。然而，这种一体化的税收制度逐渐消失了。为什么？简而言之，是因为对全球化的应对不佳。直到20世纪90年代，人们还很少投资于外国公司。20世纪90年代和21世纪初，当跨境投资激增时，各国政府发现向国内股东提供税收抵免以抵消外国被征收的公司税是不可接受的。例如，法国没有给通用汽车公司（General Motors）的法国股东提供税收抵免，因此通用汽车的法国股东比雷诺公司（Renault）的法国股东缴纳了更多税款。2004年，欧洲法院（European Court of Justice）裁定，对外国公司的不平等待遇是歧视性的，导致法国和其他国家在2005年放弃了税收一体化体系。[14]

解决这一问题的办法很简单：外国公司税应像国内税一样给予税收抵免。法国应向美国公司的法国股东提供税收抵免，美国也应向法国公司的美国股东提供税收抵免。这种互惠性已经适用于一个国家的纳税公民在另一个国家工作赚取工资的情况。这很容易在双边税收协定中进行谈判，或者在前一章讨论的那种公司税协调合作的背景下谈判会更好。在全球化中，没有什么能阻止税收一体化机制的良好运行。

"同等收入意味着同等税收"原则还有第三个含义。公司税一体化具有一个主要优点，每一美元的工资总是会与每一美元被分配的利润同等纳税。尽管这是朝着正确方向迈出的一步，但一体化税收仍留下一个棘手问题未得到解决：留存收益，即公司取得但未作为股息分配的利润，仍比其他收入来源更少被征税。如果约翰的公司不分配股息，而是将利润再投资，那他会过得更好，因为100美元利润只需缴纳20%的公司税，而不必缴纳个人所得税。无论何时何地，富有的股东都有激励在公司内部留存收

135

益；这使他们能够逃避对股息的征税，而且可以免税储蓄。在实际操作中，对于内部持股企业（closely held businesses）来说，风险尤其严重，因为企业被少数股东拥有，所以股东为了自身利益可以直接控制股息政策。解决这一问题的方法是，为了征税要强制内部持股企业将其所有利润分配给其所有者。非公开上市企业应始终被视为合伙企业：不征收公司税，但公司所有利润应缴纳所有者的累进个人所得税。自1986年《税制改革法案》颁布以来，大多数内部持股企业，包括许多大型复合公司，都被组织成纳税穿透企业（pass-through businesses）*。美国经验表明，从技术上讲，在股东层面对内部持股企业征税是可行的。[15]

这一规定使富人不可能将其所得进行免税再投资，而免税再投资是当今税收不公正的最强有力的根源之一。这也将摧毁自20世纪80年代以来迅速膨胀的空壳公司业务，因为空壳公司将不再向其创建者提供任何税收优惠。空壳公司不是公司，这一点是不言而喻的。为了税收目的而承认它们为公司，并给予相关税收优惠是荒谬的，必须停止。

收入前1%的人会缴纳多少税？

随着避税被降到最低限度，人们普遍认为对富人增税是可能的。但具体是多少呢？根据我们的计算，约占国民收入的4个百分点，或者说2019年一年有7 500亿美元。

---

* 纳税穿透企业是指纳税资格穿透至最终投资者或所有者层面不被征税的实体，以避免企业和股东被双重征税问题。——编者注

第七章　向富人征税

为了了解我们是如何得出这个数字的，请回想一下，收入前1%的人作为一个群体，其收入占国民收入的20%。正如我们在第一章看到的，考虑到所有税收，如今他们的平均税率是30%。他们的纳税额加起来是美国国民收入的20%乘以30%的平均税率，即国民收入的6%。正如《华尔街日报》编辑部从未忘记提醒我们的那样，富人确实为国库做出了贡献。但是，与他们希望我们相信的相反，这并不是因为富人的有效税率很高（几乎与经济中平均宏观经济税率相同），而是因为美国富人有很高的收入。

正如我们看到的，在打击偷税漏税后，对富人最大化征税的平均税率远高于目前30%的税率，接近60%。诚然，如果适用于他们的税率翻番，即使避税得到控制，富人也会减少收入申报：想想领导人可能会减少带薪演讲，公司高管可能会提前退休，等等。因此，税前收入的不平等程度将会下降；根据现有的最佳估算，前1%群体的收入占税前国民收入的份额从20%下降到16%左右。[16]让我们再来计算一下：如果他们的平均税率翻一番，美国的富裕家庭将支付国民收入的16%的60%作为税收，这大约是国民收入的9.5%。按照标准的经济学理论，国民收入的9.5%是能够对前1%群体征收的最大税收。提高那些收入略低于前1%群体的人的税率（例如，通过提高公司税税率），将产生额外的半个百分点的财政收入，使富人的纳税总额达到国民收入的10%。这比今天的6%多了4个百分点。

将顶层收入群体的平均税率从30%提高到60%现实吗？正如我们看到的，这并非没有先例。20世纪50年代，收入前0.1%群体的平均税率接近60%，而且1950年收入前0.01%群体的平均

不公正的胜利

税率接近70%，当时较高的公司税创造了大量财政收入，股权仍然高度集中。在20世纪中叶，富人的有效税率远高于其他人的税率。1950年，收入底层90%群体缴纳了其收入的18%作为税收，比收入前0.1%的人少了40个百分点。有人认为，对收入金字塔顶端的人实施高累进税率将是一个巨大的背离，但这种想法是经不起推敲的。

可以说，即使在累进税的鼎盛时期，富有群体的平均税率（收入前1%群体，但不是收入前0.1%的那部分人）更接近40%，这是真实的。因此，整个收入前1%群体的平均税率接近50%，低于如今理想的60%。然而，在20世纪中叶，富人的收入在国民收入中所占的比例比今天要小得多。当收入更加集中时，经济学理论认为富人应该被征收更多的税。

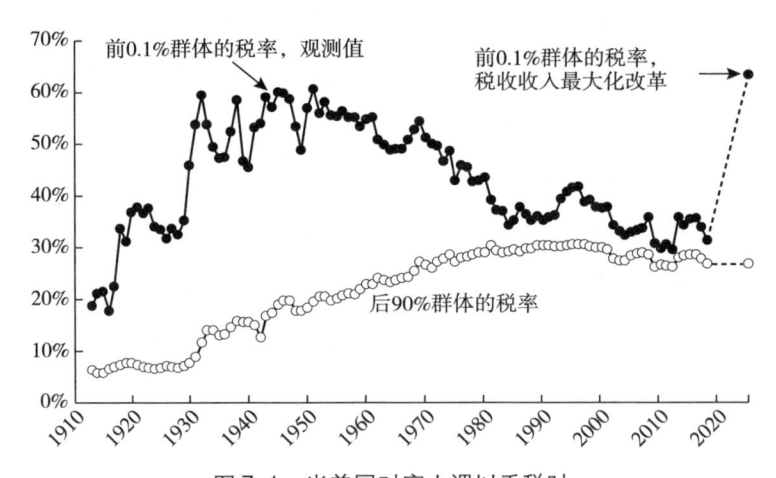

图7.1 当美国对富人课以重税时
（收入前0.1%群体的平均税率对比后90%群体的平均税率）

注：本图描述了税前收入前0.1%和后90%群体的平均税率。包括所有联邦、州和地方税收。税收表示为税前收入的一部分。对于收入前0.1%的人而言，如今使财政收入最大化的税率大约是65%，类似于在20世纪中叶达到的有效税率。详情请见 taxjusticenow.org。

如今，实施更累进的税收制度并不是简单地回到过去。二战后的累进税制尽管有其优点，但远未完美。那时的税收制度违反了"同等收入意味着同等税收"原则，对资本利得征税的税率低于普通收入。个人所得税是存在漏洞的。每一个这样的缺陷都意味着富人有逃税的空间。通过利用现代技术，吸取过去和其他国家的经验教训，今天我们有可能做得更好。

财富税：向亿万富翁征税的恰当方法

在 21 世纪向富人征税，特别是要达到 60% 最优税率的恰当方法包括三个基本补充要素：累进所得税、公司税和累进财富税。公司税确保不论利润是否被分配，所有利润都要纳税，这实际上是对富人征收的最低税收。累进所得税确保高收入者缴纳更多税收。而累进财富税则使超级富豪缴纳的税收与其真实能力相匹配。

为什么光有所得税不够呢？很简单，因为在社会上最具优势的群体中，许多人拥有大量财富，但应纳税收入很低。也许他们拥有一个没有多少利润但很有价值的生意，但是每个人都会预料到，这门生意在未来会有丰厚的利润〔看看杰夫·贝佐斯（Jeff Bezos）〕。或者，更常见的情况是，他们可能会对已经盈利的生意进行结构调整，使其几乎不产生应纳税收入（看看沃伦·巴菲特）。在这两种情况下，如今这些亿万富翁几乎可以过着免税的生活。正如我们在第五章看到的，即使从经济效率的严格角度看，在不对社会需求做任何贡献的情况下，允许超级富豪的财富增长数十亿美元也是毫无理由的。

没有财富税，就很难在财富规模最大时达到 60% 的平均税

不公正的胜利

率。提升最高边际所得税税率不会显著影响杰夫·贝佐斯和沃伦·巴菲特的税单，因为他们两人一开始就没有多少应纳税收入。提高其他税收，如遗产税，也不会起到任何作用。也许有个想法会让我们感到舒服一些，那就是世界上最富有的人杰夫·贝佐斯总有一天会为他的巨额财富缴纳遗产税。但是，亚马逊创始人在2019年才年满55岁，2050年前，这不大会发生。更别提1984年出生的马克·扎克伯格了，等到2075年让他为国库捐款，这明智吗？解决这个问题的方法是向财富本身征税，是在今天，而不是在遥远的未来。[17]

财富税永远不会取代所得税；它的目标更为有限，即确保超级富豪缴纳的税收不会低于其他人。那些收入丰厚的公司高管、运动员或电影明星可以被适当地征收综合所得税（comprehensive income tax）。对于拥有大量财富，但几乎没有应纳税收入的大多数超级富豪来说，征收财富税至关重要。

有很多种方法可以将财富税与累进所得税和公司税结合起来，使美国最富有群体的有效税率达到60%。* 在图7.2中，有效公司税税率乘以2（基本上是将税收恢复到2018年税收改革前的水平，这并非不可能）；所得税变得更全面（通过将资本利得与劳动收入同等对待）、更累进（最高边际所得税税率为60%）；遗产税收入翻番（更好地实施税收执法）；而且每年对5 000万美元以上的财富征收2%的财富税，对10亿美元以上的财富征收3.5%的财富税。

结果如何？对收入顶层的征税制度与20世纪50年代的税收制度非常相似（见图7.3）。

---

* 在taxjusticenow.org上，任何感兴趣的读者都可以模拟任何税收组合的效果。

第七章 向富人征税

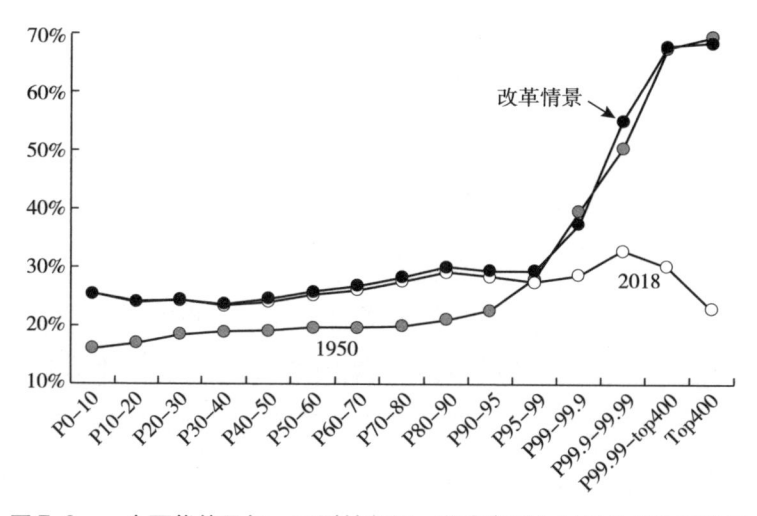

图7.2 一个可能的目标：回到杜鲁门－艾森豪威尔时代的税收累进性
（按税前收入群体分组列出的平均税率）

注：该图描述了1950年和2018年美国各收入群体的平均税率，以及在提高公司所得税、提升个人所得税的累进性，并且加上累进财富税的改革情景下的平均税率。这种改革方案将恢复1950年税制的税收累进性。详情请见 taxjusticenow.org。

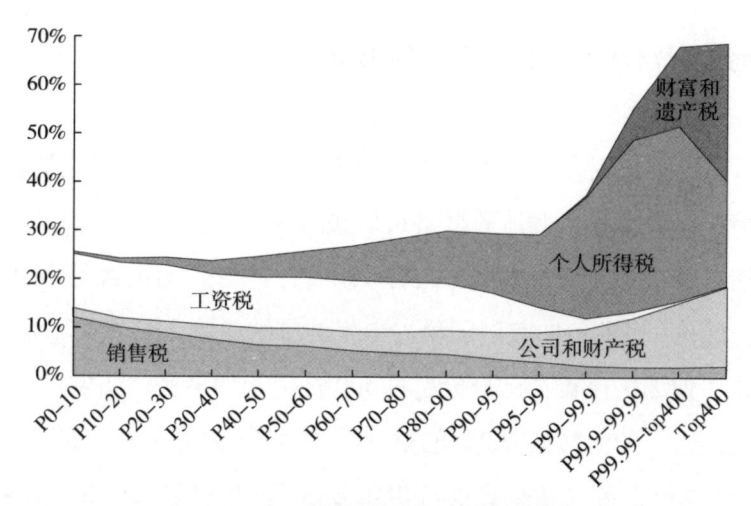

图7.3 财富税：累进税制的关键要素
（按税前收入群体分组列出的平均税率）

注：该图描述了在提高公司所得税、提升个人所得税的累进性和引入累进财富税的税制改革情景下，各收入群体的平均税率。累进财富税是恢复收入最顶端人群的税收累进性的关键要素。详情请见 taxjusticenow.org。

不公正的胜利

相比20世纪50年代的税收制度，我们建议的主要区别是累进财富税。20世纪50年代没有累进财富税，取而代之的是，该体系主要通过高达52%的公司税税率实现了其急剧的累进性，这一公司税税率适用于当时拥有股东（主要是个人而非机构投资者）相对较少的盈利公司。[18]如今，由于超过20%的美国上市公司股票由外国人持有，30%由养老基金持有，[19]即便是上一章所述的措施（系统地征收跨国公司未缴纳的税款），再加上大幅上调公司税税率，也不会产生与20世纪50年代相同的税收累进性。就恢复税收公正而言，非累进的公司税是一个有效性很差的工具。正如我们看到的，即使所得税有了很大改善，也不可能对超级富豪恰当征税。这就是为什么财富税对任何税收改革而言都是至关重要的组成部分。

如何对财富征税：利用市场的力量

征收累进财富税是可能的，因为与可以人为减少的应纳税收入相比，最高收入群体的财富可以被很明确地定义。财富是一个人拥有资产的市场价值减去其所有债务。与真实的经济收入相比，沃伦·巴菲特向美国国税局申报的应纳税收入简直微不足道。但是，他无法掩盖自己身价超过500亿美元的事实。如果对5 000万美元以上的财富征收2%的财富税，对10亿美元以上的财富征收3%的财富税［正如参议员伊丽莎白·沃伦（Elizabeth Warren）在2019年提出的财富税税率］，巴菲特每年将交纳约18亿美元的税收，相当于他2015年180万美元所得税税单的1 000倍。

并非所有形式的财富都容易被估值。作为一家上市公司，伯

第七章　向富人征税

克希尔·哈撒韦公司有着明确的市值；由于巴菲特的财富全部投资于伯克希尔·哈撒韦公司的股份，因此很容易向他征税。但富人也可以拥有非公开上市（也称私人或内部持股）企业的股份。其他形式的财富有时很难估值，如艺术品或珠宝。但总体而言，这些对估值的担忧被夸大了。

像美国这样的现代资本主义经济体拥有明确的产权，并对大多数资产进行了估值。根据我们的计算，在美国前0.1%收入群体拥有的财富中，80%由上市股票、债券、共同投资基金的份额、房地产和其他易于获得市场价值的资产组成。至于剩下20%财富的估值问题比你想象的要少，主要是私人企业的股份。虽然没有公开上市，但大型私人企业的股份经常会买卖。例如，甚至在2019年来福车（Lyft）公司和优步（Uber）公司上市之前，富人们就有可能投资于搭车服务公司。私人公司经常会向银行、风险投资者、富有的个人和其他拥有足够资本的"合格投资者"发行新股。事实上，这些交易对私人公司进行了估值定价。

诚然，在某些情况下，可能几年内都不会进行任何交易。对于由少数股东控制的成熟私人企业来说，情况往往如此。让我们看看农业综合巨头企业嘉吉公司（Cargill），这是美国最大的私人公司，其90%股份由嘉吉和麦克米伦家族（MacMillan families）的大约100名成员持有。上一次嘉吉公司股份的交易是在1992年，当时公司17%的股份以7亿美元的价格出售，因此整个公司的估值略高于40亿美元。[20]这是一个引人注目的例子，看起来对财富征税似乎毫无希望：在上一次股份交易之后差不多三十年，如今嘉吉公司的价值是多少呢？难道任何估价都充满了无数税收滥用的风险吗？

143

不公正的胜利

公平地对嘉吉和麦克米伦征税并非不可能。首先，国税局可以接受嘉吉公司1992年的估值，并根据此后公司利润的任何变化更新估值。如果公司现今的利润是1992年的3倍多，那么相信它的价值是1992年的3倍也不无道理。当然，更多数据应该能为可靠的估值提供信息。例如，嘉吉公司的那些直接竞争对手，它们已经上市并有了相应的数据，如阿彻·丹尼尔斯·米德兰公司（Archer Daniels Midland）和邦吉公司（Bunge）。为了更好地评估嘉吉公司，美国国税局可以考虑这些公司每一美元的收益如何被股票市场估值。国税局可以研究阿彻·丹尼尔斯·米德兰公司和邦吉公司自1992年以来的市盈率（price-to-earnings ratios）变化。用这种更复杂的方式评估私人公司，是成百上千的金融分析师每天做的事情。美国在这方面并不缺乏专业知识。借鉴私营部门的标准做法，美国国税局可以在每年年底对嘉吉公司的市场价值做出合理估算，这并不是非常复杂。

但是，这是最有趣的部分。假设嘉吉和麦克米伦觉得被国税局欺骗了，也就是说，它们觉得税务局高估了其公司的价值。或许，自1992年以来嘉吉公司已经发生了根本性变化，最先进的估值技术可能也无法捕捉到这种变化。或许，它有竞争对手不具备的缺点。那该怎么办？

问题的核心是市场缺失：虽然阿彻·丹尼尔斯·米德兰公司和邦吉公司的股票存在活跃的流动市场，但嘉吉公司的股份没有这样的市场。在我们看来，解决这个问题的办法，是政府介入并创造一个市场。美国国税局可以允许嘉吉公司的股东选择用实物支付财富税，即用嘉吉公司的股份而不是现金支付。如果它们选择这么做（根据定义，只有在相信公司的估值被国税局夸大的情

第七章 向富人征税

况下，它们才会这么做），那么国税局就会在公开市场上将其公司股份卖给出价最高的投标人，包括任何投标人：风险投资者、私募股权基金、基金会，或者其他有兴趣收购这家农业巨头企业股份的家族。

据我们所知，这一解决方案以前从未提出过，这解决了实施财富税的一个严重障碍。正如运作良好的所得税应该平等对待所有收入一样，良好的财富税也应该以同样方式，以其当前市场价值评估所有形式的财富。如果某些估值是缺失的，那么解决方案就是创造估值。就创造一个市场价值而言，没有什么比创造一个估值市场更好了。对于以2%的平均税率征收的财富税，嘉吉公司的股东每年需要交出2%的股份（或者，如果他们希望保留对公司的完全控制权，则需要交出现金等价物）。就像巴菲特的伯克希尔·哈撒韦公司一样，这是无法逃避的。[21] 把嘉吉公司的股份转换成现金是政府的职责所在。

这一方案还解决了另一个经常反对征收财富税的问题，即流动性问题。非常富有的人可能拥有大量财富，却没有足够的收入支付他们的税单。在手头没有现金的情况下，强迫他们纳税难道不公平吗？坦率地说，流动性问题往往是恶意提出的。大多数时候，人们认为身价1亿美元的人可能没有足够的现金支付100万美元的税款，这种想法根本经不起推敲。当超级富豪假装他们几乎没有现金时，通常是因为他们选择实现很少的收入来逃避所得税。富豪们的非流动性是由他们自己安排出来的。

但在某些情况下，流动性问题确实存在。最相关的案例是，一家没有盈利但估值很高的初创企业。对于以公司股票为主要财富来源的人来说，每年产生现金可能会变得复杂或昂贵，因为年轻公司通常不会分派股息。在这种情况下，允许纳税人以公司股份的形式进行实物支付，就解决了这个问题。因为富人的财富大多由股权构成，而与房地产相反，股权总是可以被分割的，所以可以用来纳税。如果财富税可以用资产而不是现金缴纳，那么实施累进财富税并不会比实施累进所得税难多少。

中产阶层已经以财产税的形式为其财富纳税。但富人不会，因为他们的大部分财富是由金融资产组成的，而这些金融资产是免于缴纳财产税的。与今天恰恰相反，19世纪大多数州的财产税都对所有资产征收，包括实物资产和金融资产。20世纪初，美国通过联邦遗产税首先对财产实施了累进税制，但不幸的是现在联邦遗产税已行将消亡。在背离这一杰出传统之前，美国一直处于通过税收制度对财产进行民主监管的前列。通过对极端财富征收累进税，美国将再次处于领先地位。

第八章　超越拉弗

自2015年以来，游客就可以去位于华盛顿特区的美国国家历史博物馆欣赏一张印有阿瑟·拉弗画作的餐巾布。尽管这也许不是拉弗1974年在两大洲餐馆画出同名曲线的原始餐巾布，而更可能是多年后创作的纪念品，但作品中的所有要素都在那里。经济税率在一条轴上，税收收入在另一条轴上，这是有道理的。随着税率的提高，税收收入首先会增加，但随着税率的进一步提升，在某一点税收收入开始下降。当税率达到100%时，税收收入就归零了。这堂课很简单：过度征税会扼杀税收。餐巾布是献给唐纳德·拉姆斯菲尔德（Donald Rumsfeld）的，他在1975年至1977年担任杰拉尔德·福特（Gerald Ford）的国防部长，2001年至2006年又在乔治·布什（George W. Bush）的领导下担任国防部长。

作为一幅简图，博物馆里陈列的餐巾布令人费解。它把所有东西都搞颠倒了：轴线是颠倒的，方程式有错误的符号。不过，虽然拉弗可能不是像弗兰克·拉姆齐一样的数学奇才，但他找到了重点。如果从明天开始，所有收入都按100%的税率征税，人们要么花费大量精力隐藏收入，要么就停止工作。因为0%和100%的税率都不会产生任何税收，所以在这两个极端税率之间必定有某个税率，通常被称为拉弗税率（Laffer rate），税收收入在这个税率上达到峰值。

当然，很难知道这个税率是多少：50%？60%？80%？按纯粹的逻辑来说，一切皆有可能，这取决于人们对税收的敏感程度。但无论什么税率与税收收入的峰值相对应，我们似乎永远都不应该超过这一水平。如果我们这样做了，那就意味着我们获得的税收收入要比税率更低时还要少。任何社会都不会希望处于拉弗曲线（Laffer curve）"错误"的一边，税收收入随着税率的上升而下降。对吗？

在这一章中，我们要解释为什么民主政府可以合理地选择税率，使其高于使富人收益最大化的税率，为什么破坏部分税基可能符合社会利益。如果你觉得这个想法很疯狂，那是因为大多数关于税收的讨论都是基于餐巾布的这幅简图得来的，而忽略了市场经济中历史、政治和权力关系。现在是时候行动起来超越拉弗了。

拉弗之前的最高所得税

从某种意义上说，即使很高的税率只能带来很低的税收收入，也可能是一项好的政策，这种想法并不奇怪，至少对美国读者来说是这样。毕竟，这是美国政府数十年来的官方立场。正如我们在第二章看到的，从1930年到1980年，最高边际所得税税率平均为78%，从1951年到1963年超过了90%。早在拉弗的餐巾布简图问世之前，政策制定者就明白，面对90%的边际税率，即使最受利益驱动的个人，也没有动力获得更多收

第八章　超越拉弗

入。从罗斯福总统到艾森豪威尔总统，很明显最高边际所得税税率并没有增加税收。他们是在拉弗曲线的"错误"一边。他们破坏了收入。

这不是一个错误：这是政策目标。罗斯福总统及其继任者倡导的准没收性最高税率，意在减少超级富豪的收入，压缩收入分配的不平等程度。回想一下，它们只适用于非常高的收入，相当于超过今天的几百万美元。只有超级富豪才会受到影响。例如1960年，91%的最高边际税率是针对收入超过一个高门槛的群体征收的，这个门槛几乎是成人人均国民收入的100倍，相当于今天的670万美元。[1] 那些一般富有的人，包括高收入专业人士、中等规模公司的高管、按照如今标准收入在数十万美元的人，适用25%～50%的边际税率纳税，这与现在的典型情况相吻合（例如，在加利福尼亚和纽约等州，当你计算州所得税的时候）。

现有证据显示，对天价收入实行准没收性税率的税收政策，达到了预期目标。从20世纪30年代末到70年代初，收入不平等有所下降。前1%群体的收入在税前国民收入中所占的比例减少一半，从二战前夕的接近20%降低到70年代初的不到10%。以1960年为例，只有306个家庭的年应纳税收入超过670万美元，超过这一标准的收入按照91%的税率被征税。[2] 与此同时，经济增长强劲。而且正如我们在第二章看到的，不平等的减少并不是一种财政幻想，而是一种真实的现象。当然，还有避税存在。但富人并没有把巨额收入隐藏于国税局的雷达之外。在测算前1%群体的收入在税前国民收入中所占比例时，我们包括了所有形式的收入，无论是否向国税局申报，其中包括公司内部留存收益、免税债券投资，以及当时可用的其他避税手段。准没收性最高税率确实降低了税前收入的集中度。

美国并不是唯一一个奉行这一政策的国家。英国更为激进，1941年至1952年和70年代中期的最高边际所得税税率高达98%（这两段时间之间的税率也始终高于89%）。如同美国一样，这些高税率只适用于极少数人，并没有带来可观的税收收入。而且就像美国一样，20世纪40年代，英国的收入和财富集中度急剧下降，直到70年代末一直保持在历史低位。

实施没收性最高所得税税率的理由

在这些时代，大西洋两岸的税收政策反映了一种观点：极端不平等会损害社会；当租金攫取（rent extraction）被阻止时，经济会更好地运行；不受限制的市场导致了财富集中，进而威胁到民主和精英治国的理想。

这种观点至少和美国本身一样古老，而不是盎格鲁－撒克逊自由派（Anglo－Saxon liberals）的特权。财富过度集中会侵蚀社会契约，这一观点得到了著名保守派的认同。詹姆斯·麦迪逊（James Madison）在18世纪末写道："政党的伟大目标应该是与邪恶做斗争：第一，通过在所有人之间建立政治平等；第二，阻止少数人的不必要机会，以过度的尤其是不应得的财富积累加剧财产不平等。"[3]保守派更可能认为极端财富是"应得的"（争论常常涉及美国亿万富翁是好的，而且创造了工作机会，并与俄罗斯或非洲糟糕的"盗贼统治"形成鲜明对比，但是这些争论忽视了这些行为人之间经常存在的共性，比如他们的垄断权力和对立法的影响)。尽管存在这一重要差异,甚至保守派人士也常常认为,极端财富本身是一件坏事,这可能就是罗斯福实施的准没收性最高所得税政策在里根执政前一直由共和党政府延续的原因之一。在麦迪逊看来,就民主而言,极端的财富集中像战争一样有害。"在战争中,行政当局的自由裁量权也得到了扩展;行政当局在处理职务、荣誉和薪酬方面的影响力成倍增加……共和主义同样恶毒的一面可以追溯到财富不平等。"[4]

财富就是力量。财富的极度集中意味着权力的极度集中。影响政府政策的力量、遏制竞争的力量、塑造意识形态的力量合为一体,在市场、政府和媒体中,形成了为某些人的利益而倾斜收入分配的力量。这就是而且一直是某些人的极端财富能够减少留给其余人的财富的核心原因。这就是为什么今天超级富豪收入的获得是以牺牲社会其他人利益为代价的。这就是卡内基、洛克菲勒和其他镀金时代的实业家们获得"强盗资本家"称号的原因。

如今,苹果、杰夫·贝佐斯和沃尔顿的继承者在做什么?他们在保护自己的财富。他们在保卫自己的阵地。他们在新进入者对他们的生意构成威胁之前就收购他们。他们在与竞争对手、监管机构和国税局作战。他们收购新闻媒体。这就是那些已经积累了数十亿美元的人,无论何时何地都在做的事情。苹果、亚马逊和沃尔玛的创始人都做出了大量创新,创造了新产品和服务。有些还没有停止。但未来最伟大的创新既不可能来自这些成功创始人的继承者,也不可能来自那些多年来一直高居财富500强榜首的公司。

这是超越拉弗的理论依据。极端财富像碳排放一样,给我们其他人带来了负外部性。征收碳排放税的目的不是为了增加财政收入，而是为了减少碳排放。同样，对收入非常高的人实施高税率也是如此：从长远看，这并不是为了资助政府项目，而是旨在减少超级富豪的收入。它们防止或阻碍了各种各样的租金攫取，而这些租金攫取都与极端且稳固的财富有关，都与不平等社会中市场经济的现实有关。[5]当额外获得的任何一美元中有90美分会被国税局拿走，那么谈判2 000万美元的薪酬、通过创造零和金融产品赚取数百万美元、抬高专利药品的价格，又有什么意义呢？一旦准没收性税率就位，就可以重新分配经济力量，可以公平化税前收入的分配，还可以使市场更具竞争力。

从纯逻辑的角度看，这一论点，即压低自由市场经济产生的不平等的标准理由，也可以朝另一个方向发挥作用。或许极端财富和巨额收入的外部性是正向的。或许超级富豪给社会带来的益处比他们个人获得的还多。或许我们都从比尔·盖茨今天收入的数十亿美元中获益，而且如果这些收入被征税拿走，情况会更糟，例如，这将意味着比尔和梅琳达·盖茨基金会（Bill & Melinda Gates Foundation）的资金会减少，而据一些观察人士称，该基金会的资金使用情况要比政府好。这是著名的涓滴理论（trickle-down theory）的一个变种，根据这一理论，富人的财富最终会流入社会的其他部分。

要想更深入地思考超越拉弗的理论根据在今天是否有经验性的价值，我们需要某种在这场辩论中经常被忽略的东西，即数据。

极端财富的好处：一场没有数据的争论

科学地看待这些问题需要大量数据。超级富豪的繁荣（和

第八章 超越拉弗

影响其繁荣与否的公共政策）如何不仅影响经济的总体增长率，而且影响每个社会群体的收入动态？当富人的税收减少时，工薪阶层的收入会增长吗？首先，我们需要研究不同群体的收入增长。

不幸的是，国民账户只提供整个国民收入增长的信息，而没有提供每个社会群体收入增长的数据。这是政府统计中的一个重大空白。几年前，我们踏上了弥补这一空白的征程。我们的目标是什么？跟踪过去几十年中谁真正从经济增长中受益，例如，增长是如何分配给工薪阶层、中产阶层、富人和超级富豪的。对于这一评估，总体增长数字很重要，但它们太粗糙了。重要的是，教师和银行家的收入如何增长；退休人员和适龄工作的成人收入如何增长，各行各业的收入如何增长。

我们创建了"分布式国民账户"（distributional national accounts），这个数据库系统地将国民收入分配给每年居住在美国的所有成年人。我们不可能确切地知晓每个人挣多少钱，任何地方都没有全面记录这些信息的行政文件，因此我们数据库中的观察结果并不对应于任何真实的人。它们是综合性的观察结果，是通过结合纳税申报数据、家庭收入和财富调查、社会保障统计数据，以及许多其他官方数据来源而构建的。总之，在我们的数据库中，合成的、虚构的美国人完全代表了美国人口。他们的收入合计就是经济的国民总收入，而且自1980年以来，他们的收入平均每年增长1.4%，与宏观经济的统计数据相符。

我们的计算肯定不是最完整可靠的。我们希望这项工作将由政府统计学家接管和改进，最终公共机构将公布自己的官方分布式国民账户。我们现在使用的国民账户是以类似于20世纪中叶

153

的方式创建的。与此同时，我们认为我们这一工作的价值在于其一致性（跨收入阶梯的增长可以加总为宏观经济的增长）、透明度（我们的代码和资源是公开的）和普适性（类似的统计方法也适用于其他国家）。[6]

1946—1980 年：高速而公平的增长

准没收性最高边际所得税税率时代到底发生了什么？

为了形象化当时谁从经济增长中受益，我们将人口划分为 100 个同等规模的群体（100%），并计算随时间的推移每个群体的平均收入增长率。考虑到百分位顶端的收入占国民收入的很大一部分，我们继而采用更精细的次分组：将前 1% 的收入分成 10 组，接着将前 0.1% 的收入分成下一个 10 组。有了这些分组，我们就可以计算从最低工资员工到亿万富翁的收入增长率。

我们看到了什么？在二战后的几十年里，经济增长强劲，并惠及广大民众。从 1946 年到 1980 年，成人人均国民收入年均增长 2.0%，这是处于世界技术前沿的国家在一代人的时间里录得的最高增长率之一。几乎每个群体的收入都以年均 2.0% 的宏观经济增长率增长（见图 8.1）。唯一的例外是前 1% 的最高收入群体，他们的增长速度要比整个经济体更慢一些。但除了这一点，不同社会群体在增长经历上的相似性令人惊叹。人们很容易理解为什么经济学家会在这一时期选择只用一个"代表性主体"（representative agent）来模拟经济。几乎每个社会群体的表现都像整个经济一样。

第八章 超越拉弗

按收入群体划分的税前收入年均增长率，1946-1980年

按收入群体划分的税前收入年均增长率，1980-2018年

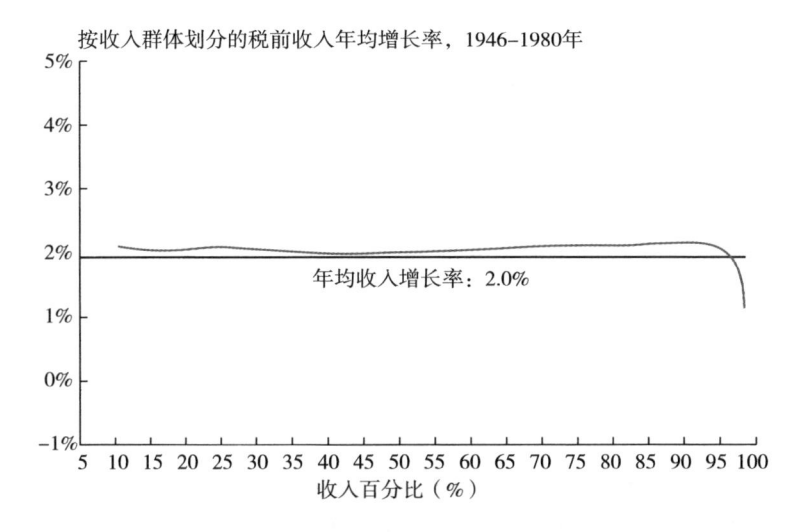

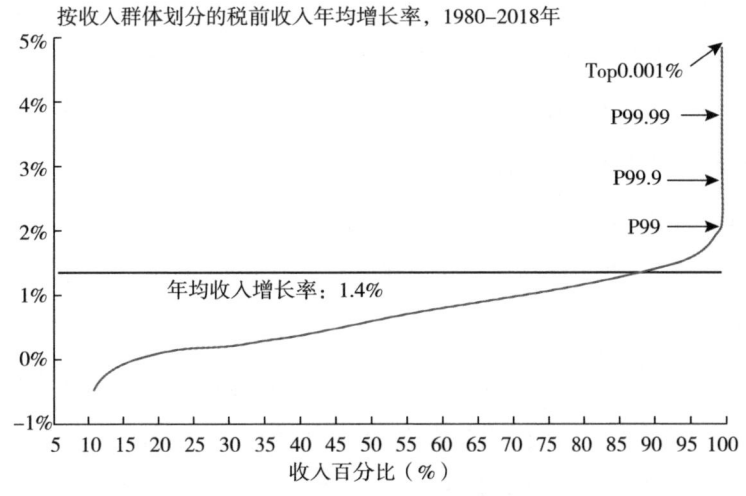

**图8.1 从社会所有群体受益的经济增长到
仅富有群体受益的经济增长**

注：该图描述了美国1946—1980年和1980—2018年，对应每个收入分配百分位数的成人人均年度实际税前收入的增长。从1946年到1980年，收入增长均等分布，所有群体的收入都以2%的宏观经济年均增长率增长（除了收入前1%群体的增长较慢）。从1980年到2018年，增长分布不均，底层收入群体的收入增长极低，中产阶层的收入适度增长，最高收入群体的收入增长极高。详情请见taxjusticenow.org。

155

1980—2018年：工薪阶层与经济增长脱节

1980—2018年的情况看起来完全不同。

首先，平均增长放缓。里根和后里根时期，美国经济的第一个特点是增长表现不佳。自2008—2009年金融危机以来，经济增长略有回升（特别是与欧洲的情况相比），但如果我们回顾一段较长的时期，即平均看繁荣和萧条、衰退和随后的复苏周期，情况也并不好。自1980年以来，成人人均国民收入平均每年仅增长1.4%。而且，自21世纪初以来成人人均国民收入的增长率甚至低于这个水平，每年仅有0.8%。

其次，大多数社会群体的收入增长率都没有达到1.4%的水平。对近90%的群体来说，收入增长率低于这个数字，通常非常低。只有收入前10%群体经历了1.4%或以上的增长。如果你随机选择一个群体，它的收入增长水平很可能与经济表现如何毫无关系。经济增长（1.4%）与人们的收入增长（人均收入平均增长0.65%）之间存在着巨大的脱节。"代表性主体"的故事已荡然无存。

与此同时，美国的富裕阶层已经繁荣起来。看看图8.1中的峰值。图中显示，收入前1%的富人（如今年收入在50万美元以上）已经获得了很高的收入增长。而对极少数人来说，收入增长极其迅猛。自1980年以来，对于前0.1%的收入群体，收入增长了320%；对于前0.01%的群体，收入增长了430%。而且，对于前0.001%的群体（2 300名最富有的美国人），收入增长已经超过600%。

在这40年相同的岁月里，尽管工薪阶层占总人口的一半，却是人口中收入最低的，而且收入几乎没有增长。2018 年，工薪阶层的收入水平处于后 50%，平均税前收入为 18 500 美元，但几乎没有增长：经通货膨胀调整后，相当于 70 年代末的约 17 500 美元。也就是说，40 年间的年平均增长率为 0.1%。自 1980 年以来，收入顶端富人们的收入占总收入的比例不仅有所上升，而且，他们的绝对收入也在扶摇直上，但是总人口中另一半人的收入却止步不前。没有任何证据表明，富人的收入已经"涓滴"到了工薪阶层。相反，经济增长的大门已经对工薪阶层彻底关闭了。

我们知道，这些证据既不能证明涓滴政策伤害了工薪阶层，也不能证明超级富豪的财富是以牺牲其他人利益为代价获得的。从纯逻辑的角度看，如果税收政策没有惠及富人，工薪阶层的境况可能会更糟。在过去 40 年里，工薪阶层的实际收入可能并不会每年平均增长 0.1%，反而甚至会下降。这似乎毫无说服力，但这并不能想当然地被排除。按百分位统计收入增长是非常有用的，但如果单独考虑，它们也无法明确各种公共政策的优缺点。唉，我们不能回到 1980 年，做一个税率保持在 1980 年水平的实验，看看到底会发生什么。

但是，我们至少可以说，与二战后几十年的收入增长相比，并不能证明涓滴理论是正确的。

工薪阶层的收入增长：两个国家的故事

将美国的结果与 1980 年以来实施其他政策的国家进行比较，也不能证明涓滴理论是正确的。

让我们看看法国，一个广泛代表欧洲大陆的国家。美国成人人均国民收入比法国高：如今而言，大约高出30%。这并不是因为美国人的平均工作效率更高，而是因为他们工作得更多：他们更早地开始工作（部分是为了支付更高的大学费用），更晚地退休（部分是为了弥补较少的社会保障福利），而且，在这两者之间，他们的假期更少，育儿假也更短。就生产率而言，美国和法国看起来是一样的。作为衡量生产率的最有意义的方法，国内生产总值除以工作小时数是可比较的，目前大约为75美元，而且一段时间以来一直保持相同趋势。[7]

尽管美国人工作时间更长，但如果我们将分析范围限制在后50%的收入群体时，法国的成人人均收入要比美国高出11%。如果严格地按货币计量（不考虑法国更好的健康结果和更长的闲暇时间），占一半人口的工薪阶层在法国生活得更好。法国的福利状况并没有对这一功绩起到任何作用，因为我们在这里讨论的是政府征税和转移支付前的收入。如果你考虑用于儿童保育、健康和教育的公共资助，法国工薪阶层的状况会更好，这并不奇怪。有趣的是，对大多数人来说，在法国，市场带来的收入比美国要高。

情况并非总是如此。在过去40年里，美国工薪阶层的收入停滞不前，在法国却有所增长。平均每年0.8%的收入增长率并不是很好，而且自2008—2009年的大衰退以来，收入增长也已经完全停止。但是，对一代人来说，收入每年增长0.8%，即使不算多，也要比0.1%好。法国工薪阶层已经足以超越美国工薪阶层了：对处于收入最底层的那一半人而言，如今美国的平均收入比在法国低2 000美元，但是在1980年要高2 000

第八章 超越拉弗

美元（见图8.2）。

一些人认为，美国工薪阶层的收入停滞是不可避免的。他们提到了经济力量的汇集（技术进步、国际贸易增加），这些都导致了人工生产率的持续下降，以及对他们生产的产品需求减少。通过比较美国和法国，我们可以清楚地看到这个世界观问题。法国和美国的经济都受到了技术进步浪潮的影响，在大西洋彼岸使用计算机的程度并不比此岸更普遍。两国都在与新兴经济体开展国际贸易。在汽车和其他产业中，这两个国家的许多员工都在被机器取代。然而，法国工薪阶层的收入是增长的，虽然增长并不多，但自1980年以来已经增长了30%，而美国工薪阶层的收入则停滞不前。这里有一个重要的经验：技术变革和全球化的压力并不是美国工薪阶层陷入困境的罪魁祸首。

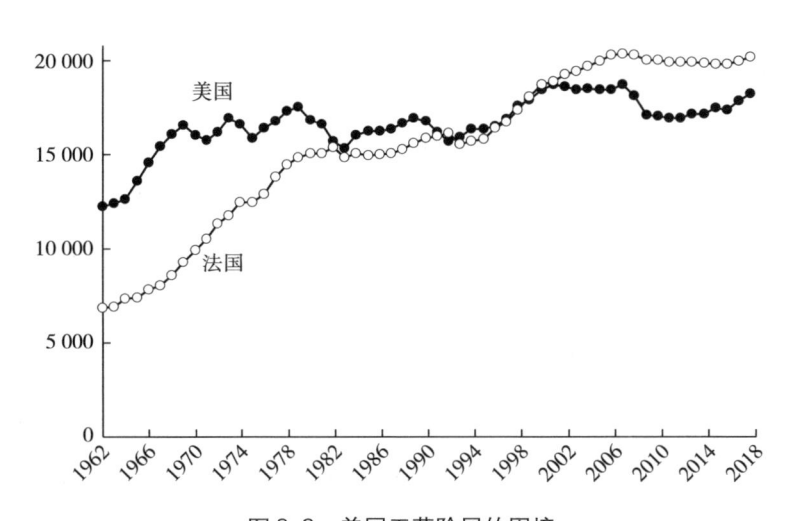

图8.2 美国工薪阶层的困境

（后50%收入群体的平均税前收入：美国与法国的比较，2018年美元）

注：该图显示了自1962年以来，在美国和法国，政府征税和转移支付前，后50%收入群体的人均收入。通过使用购买力平价汇率将欧元转换为美元，该数据系列使用2018年美元。在法国，后50%收入群体的收入增长更快，而且现在收入要高于美国。详情请见taxjusticenow.org。

不公正的胜利

有观点认为，美国工薪阶层的生产率突然下降，但这一观点根本经不起仔细推敲。国际证据表明，政府政策已经将收入重新分配，从工薪阶层汲取，转而向富人重新分配。20世纪80年代以来，历届政府都故意在这方面做出了选择，包括侵蚀联邦最低工资标准、削减对富人征税、限制工会力量，以及增加进入公立大学的费用。[8]法国和其他大多数富裕国家也经历了一些同样的政策变化，但美国这种转向市场原教旨主义的情况更加激烈。

增长被低估了吗？

在超过一代人的时间跨度中工薪阶层的收入停滞不前，这或许是美国经济最根本的发展趋势，具有深远的政治和经济影响。这真是太令人惊讶了，以至于对一些观察家来说，一定是哪里搞错了。我们一定低估了生活条件的真正改善。这是我们在吸取政策教训之前必须讨论的一个反对意见。反对意见有三种。

首先，官方统计数据低估了增长率，因为它们高估了真实的通货膨胀率。在测算经济增长时，统计学家艰难地试图弄清楚国民收入增长的哪一部分来自实际生产的增长，而哪些仅仅是由于物价的普遍上涨。这不是一门完美的科学。如果我们每年都生产同样的产品和服务，那会是一项简单易行的任务。但是经济增长的本质意味着，随着时间的推移，产品质量趋于提高。当一件商品的价格上涨时，是因为它的质量提高了，还是因为价格普遍上涨了？有时，质量变化是可以直接观察到的，而且统计人员可以很容易地解释质量提高的原因，例如，电视屏幕比20年前的更

第八章　超越拉弗

大。但有时质量提高并不太容易量化，就像微创手术或更友好的计算机软件一样。另一个困难是，包括谷歌和脸书在内的企业有时会向客户提供免费服务。我们并没有为谷歌地图提供的地理定位服务付费，因此这项服务没有被计入国民收入。

这些棘手的问题导致一些观察家指出，国民账户统计（因此我们的分布式国民账户）低估了增长。据说，在过去几十年里几乎所有参与经济决策的高层人士，或者新经济中有影响力的人物都这么认为。曾任里根总统经济顾问委员会主席的马丁·费尔德斯坦（Martin Feldstein）说："官方数据低估了实际产出和生产率的变化。"[9]比尔·盖茨说："即使在富裕国家，GDP 也低估了增长。"[10]下面这句话是与硅谷相关的经济学家最喜欢的一句话："人们对硅谷正在发生的事情缺乏了解，因为我们并没有好的方法衡量它。"谷歌公司首席经济学家哈尔·范里安（Hal Varian）如是说。[11]所有这些评论都表明，有一个影响经济的隐形增长奇迹，无非是我们还没有找到一种方式衡量它。

理论上，这些反对都是合理的。然而，最近的学术研究表明，即使我们把这些因素纳入考虑，官方数据描绘的画面也没有太大改善。如果说有什么不同的话，那就是与 1946—1980 年相比，1980 年后的增长放缓可能比我们想象的还要严重。[12]原因很简单：比尔·盖茨和其他人提出的担忧并非新事，它们是经济增长过程本身所固有的。同样的问题在 20 世纪 80 年代之前就出现了，而在当时甚至更为重要。是的，智能手机的质量确实有了改善，就像二战后几十年来汽车和家用电器质量的提高一样。是的，硅谷生产的一些新服务确实是免费的，但广播和电视节目也是免费的。总体而言，自 1980 年以来，美国成人人均国民收入年均增长

161

不公正的胜利

率可能为1.5%，而不是官方数据中的1.4%。但同样的原因，与我们相信的数据相比，1946—1980年的增长也可能更强劲，也许是2.2%，而不是2.0%。通过修正全时间序列的官方数据，我们看到经济增长放缓更加严重。而且，它几乎不影响工薪阶层的收入增长（也许是每年0.2%，而不是0.1%）。

事实上，官方统计数据可能过于乐观，而不是过于悲观。为什么呢？因为如果质量改进有时很难量化，那么质量恶化也同样很难量化。航空旅行就是一个典型的例子，其服务质量自20世纪80年代以来一直下降。更严重的是，增长数据忽略了气候的急剧恶化和生物多样性的下降。总的来说，这些被错误衡量的退化可能比被错误衡量的产出增长更重要。谷歌地图很不错，但也许没有地球的未来那么重要。

第二种观点认为，统计数字歪曲了工薪阶层真实的经济增长，这种观点的核心是社会阶层的流动性。对于那些组成后50%收入群体的个人而言，他们会一年又一年地发生变化。一些人会攀上更高的收入阶梯，离开这个群体，而其他人又会进入。移民也来到美国。一些评论家认为，如果不是随着时间的推移比较每个群体的平均收入，而是多年来跟踪一个人，我们可以看到工薪阶层走向富裕。这一论点表达了人们的普遍信念，即美国是"机遇之地"。

然而，这是个谬论。收入流动性是存在的：通常，人们的收入会在一生中增加。工资会随着工作阅历的丰富而增加，员工会得到晋升，等等。但是，统计数据显示的很简单：美国工薪阶层的平均收入并没有高于他们父母在相同年龄段挣得的收入。[13]在生命周期的每一个阶段，他们都不比上一代人更富裕。为什么说工薪阶层随着时间的推移而富裕是错误的，要理解这个问题我们需要思考下面的思想实验（thought experiment）。试想，我们生活在一个国民收入零增长的世界里，老一代一年又一年地被年轻一代取代，而年轻一代开始时的收入相对较低。在这样一个世界里，尽管国民收入是稳定的，但每个人的收入都会在一生中增长。看看这个零增长的经济，赞美发展的美德有意义吗？没有。在工薪阶层的生命周期中，收入增长并不意味着工薪阶层实质上是富裕的。

而且，移民的情况如何呢？是不是美国的许多工薪阶层来自工资更低的外国呢？一些新美国人确实符合这些标准，但总体而言，他们的统计效应很小，无关紧要。从2010年到2016年，美国年平均流入的永久移民占总人口的0.33%，比加拿大、德国、斯堪的纳维亚诸国和英国的移民要少1/2到1/3。[14]早在特朗普政府到来之前，美国就一直是低移民国家。

再分配的限度

最后一个论点是，统计数据扭曲了工薪阶层的真实增长，这涉及政府的再分配。我们的估算是，自1980年以来，在政府征税和转移支付前，工薪阶层的平均收入每年仅增长0.1%。正如我们看到的，税收增加了。但是，政府的转移支付甚至增加了更多。因此，在税后和政府转移支付的基础上，工薪阶层的平均收入增长了一些。

但再分配的效果并不大。在政府税收和转移支付后，后50%收入群体的收入增长仍然微不足道，自1980年以来每年增长大约

0.6%。在急着颂扬政府转移支付的均等化效应之前，让我们先暂停一下。政府的这些转移支付有哪些是增加的？答案很简单：主要是联邦医疗保险和医疗补助。这并不是说政府一直在通过现金转移支付保护我们中最弱势的群体，或者通过补贴父母来降低抚养孩子的成本。相反，政府一直在为国家飞涨的很大一部分医疗费用买单。面对政府的这种慷慨，"受益者"并不能选择在他们认为合适的时候消费。补助的钱没有流入弱势群体的银行账户，而是流向了医疗服务提供者的银行账户，使其中一些人轻松地处于前1%的收入群体。我们确信这些转移支付换来的服务是物有所值的吗？

最后，美国预期寿命的变化是市场原教旨主义最显著的失败。预期寿命比收入更容易衡量；在许多方面，它也比迄今为止讨论的幸福概念更能提供有用的信息。大多数人最关心的是健康长寿。平均而言，美国人每年每挣5美元，就要向医生、医院、药房和保险公司支付1美元。他们在医疗服务上的花费从来没有今天这么多，而且这些花费远比任何其他国家的居民多。然而，美国人的预期寿命正在下降。2017年连续第三年下跌。1980年，美国人的预期寿命超过其他经合组织国家人口1.5岁。如今，这一数字比其他富裕国家少了近两年。[15]

这种恶化是逐渐发生的，其发生时间恰好与工薪阶层生活条件的逐渐恶化相互映照。富人活得更长，穷人死得更早。从最近的历史看，在和平时期只有一个预期寿命下降的例子可以比较，那就是20世纪90年代前半期俄罗斯在脱离共产主义的混乱转轨时期预期寿命下降。

美国预期寿命的反转真是令人震惊，使我们有充分理由相信，我们的收入增长统计数据并没有夸大而是低估了美国工薪阶层的痛苦。

抑制财富集中：激进财富税

那么，这就是超越拉弗的实证依据。无论我们是将过去40年与战后时期相比，还是将如今的美国与其他富裕国家相比，似乎超级富豪的兴起并没有惠及其他人口，而主要是以牺牲工薪阶层利益为代价的。

回想起来，这不应该是一个可怕的意外。诚然，供给学派的政策确实促进了供给，但具体供给了什么呢？这些政策是否鼓励了教师、发明家和科学家工作更多呢？也许吧。这听起来显然令人难以信服，但从逻辑上讲，这并非不可能，至少其中一些人会受到巨额利益的诱惑，在税率较低的情况下更加努力地工作。然而，不管他们对税后回报的敏感程度如何，显然他们不是对货币收益最敏感的人。当税收下降时，零和金融产品的销售者、致命药丸的制造者、逃税的推动者以及给他们提供认证的律师、价格欺诈者、专利操纵者、假大学文凭的制造者应运而生，加倍努力地工作，他们才是对货币收益最敏感的人。这些唯利是图的人将以越来越快的速度大胆"创新"，使监管者越来越难以追赶，或者在人们陷入新的欺诈之前越来越难了解他们的欺诈行为。如果低的最高税率鼓励"创新"，它们必定会助长租金攫取。

在众多能够遏制既得利益势力、防止寻租行为的政策中，历史证明，对超高收入实施准没收性税收是行之有效的。但它面临

不公正的胜利

着一个重大限制：正如我们看到的，通过申报很少的应纳税收入，富豪拥有大量财富已经变得太容易了。在美国，恢复90%的最高边际所得税税率不会对许多亿万富翁的税单产生任何重大影响。

为了克服这一限制，我们需要以高税率对顶级财富征税。正如我们在前一章所述，实施适度财富税，对5 000万美元以上的财富适用2%的边际税率，对10亿美元以上的财富适用3%的边际税率，如此每年将产生大量税收收入，据我们估算，相当于每年GDP的1%左右。这样就会处于拉弗曲线"好"的一边。

现在考虑一种激进财富税，对10亿美元以上的财富实施10%的边际税率。拥有10亿美元财富的人将支付1 900万美元的财富税，这个结果与采用适度财富税相同。* 如果我们采用激进财富税，那么成为亿万富翁并不会变得更难，但保持超级亿万富翁就会更难。一个拥有20亿美元的人每年要支付大约5%的财富税，一个像乔治·索罗斯这样的百亿美元富翁每年要支付9%的财富税，一个像杰夫·贝佐斯这样的千亿美元富翁每年要支付10%的财富税。罗斯福实施90%的最高边际所得税税率，导致收入超过1 000万美元（以当今货币计量）的家庭数量大幅减少，同样，激进财富税将会使超级亿万富翁减少。财富税不仅能够征税，而且还可以分散财富。

毫无疑问，还会有超级亿万富翁。如果在过去几十年里实施了这种更高的财富税，那么2018年马克·扎克伯格的财富仍将达

---

* 因为对5 000万美元以上财富按照2%的税率征税，拥有10亿美元财富的人需要支付9.5亿美元的2%，即1 900万美元。

第八章 超越拉弗

到210亿美元，而不是福布斯记录的610亿美元。为什么呢？因为自2018年扎克伯格首次成为亿万富翁以来，他的财富以每年40%的速度增长。每年10%的财富税并不能阻止他的财富突飞猛进。但是，像比尔·盖茨这样一位更成熟的亿万富翁却"只"值40亿美元，而不是2018年的970亿美元，因为他成为亿万富翁已经30多年了，这就使激进的税收有更多时间挤压他的财富。如果从1982年开始实施激进财富税，那么在美国400位最富有的人中，2018年大部分人仍是亿万富翁，但他们的财富仅为目前的1/3。他们在美国财富中所占的份额会与1982年相似，1982年以后财富不平等现象大幅加剧（见图8.3）。

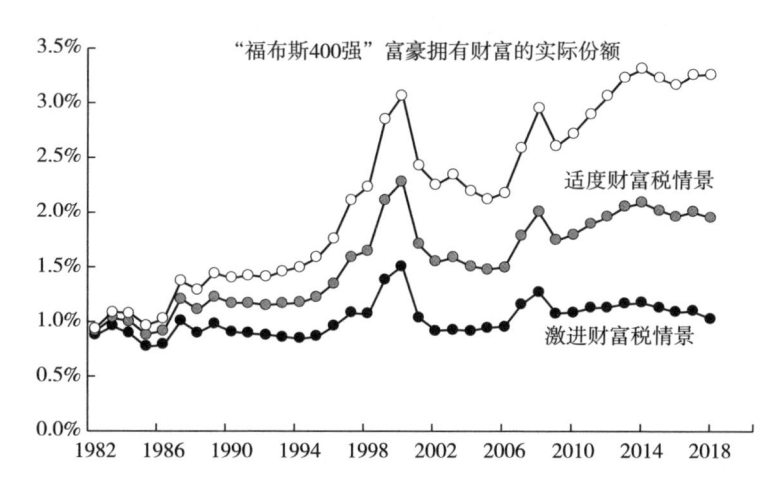

图8.3 财富税是限制不平等程度的扩大还是分散财富？
（《福布斯》公布的前400位富豪的财富份额：自1982年以来的实际财富相对于征收财富税后的财富）

注：该图描绘了自1982年以来《福布斯》杂志选出的美国前400位富豪的全部财富份额。它也描述了如果自1982年起实施适度财富税或激进财富税，这些富豪的财富份额变化。对于高于10亿美元的财富，适度财富税的边际税率为3%，激进财富税的边际税率为10%。从1982年到2018年，前400位富豪的财富份额从不足1%上升到近3.5%。如果自1982年起实施适度财富税，2018年他们的财富份额将在2%左右。如果征收激进财富税，2018年他们的财富份额将在1%左右，与20世纪80年代初一样。详情请见 taxjusticenow.org。

167

如果开征激进财富税，仅在2018年就可以向400位最富有的美国人征收2 500亿美元的税收，超过GDP的1%。但如果从1982年开始征收激进财富税，到2018年，只能从这400位最富有的家庭中征收660亿美元的税收，而如果实施适度财富税，即使其税率低得多，也能征收近500亿美元的税收。从长远看，激进财富税大量侵蚀了顶级富豪的财富，从而降低了超级富豪的税收；它超越了拉弗。[16]

征收激进财富税值得吗？如果每年对10亿美元以上的财富征收10%的财富税，尽管这意味着对收入顶端的征税会减少，但抑制巨额财富对社会是否有好处呢？多年来，随着数据越来越清晰地向我们表明，工薪阶层收入止步不前而极端财富扶摇直上，我们自己对这个问题的思考也在不断演变。也许你的想法也是这样的。

第九章　充满可能性的世界

在本书的这一阶段，关于公共政策的大多数争论会反复出现，这可能会令你大吃一惊：争论的焦点是税收制度的累进性并不重要。按照这种观点，政府总是可以通过公共支出实现其期望的再分配。只要公共支出可以帮助弱势群体，如何征税是无关紧要的；税收收入才是重要的。这种观点盛行于美国和欧洲，并在过去几十年影响着国际货币基金组织和世界银行提供的大部分税收建议。它们鼓励亚洲或非洲的政府提高其增值税，以资助其社会项目，但增值税使穷人的税负比富人的更重。累进所得税？遗产税？财富税？这些都是不必要的，甚至可能在政治上是危险的。

诚然，这一策略并非完全没有价值：增值税可以产生大量财政收入，有助于为教育、医疗和其他公共产品提供资金，提高人们的生活水平。但是，问题在于有关发展过程的基本观点，它们影响了这些善意的专家。不管某种财政支出多么有用，发展主要不是为了财政支出而机械地征税。发展是要建立起对制度的信任，最重要的是对政府的信任。当政府对穷人比对富人征税更多时，对政府的持续信任就变成了天方夜谭。

从中世纪的税收起义到2018年法国的"黄背心"运动，这种深刻领悟对于理解税收历史至关重要。未来可能仍会有很大关系。[1]以环境税为例。在应对气候变化中，碳的定价至关重要，但由于燃料和其他碳密集型产品的支出在穷人收入中所占份额要大于富人，碳税是典型累退的。为了抚平这种痛苦，应对气候变化将需要附加的累进税。如果政府忘记了这一基本事实，那么将很难从中吸取教训。

或者，以医疗服务为例。在美国，关于全民医疗保险的两次最全面的尝试是1993年克林顿的提案和2014年佛蒙特州的单一支付方的医疗服务项目，但遗憾的是，它们都没有获得通过，这并不是因为缺乏普遍支持，而主要是因为没有令人满意且公平的资金解决方案。当只认为支出是重要的，而不考虑如何筹集资金的时候，这样的事情就会发生。通常，支出不会发生（提案夭折，也就没有支出发生了）。自从1993年克林顿的全民医疗保险计划夭折以来，成千上万的美国人因缺乏医疗保险而死亡；[2]数百万人生活在失去医疗保险的恐惧之中。

正如我们在第七章中看到的，美国可以通过额外向富人征税增加4个点的国民收入。这足以为数百万目前没有医疗保险的美国人提供医疗保障。但这可能是更雄心勃勃地扩展美国社会福利国家（US social state）的起点，其核心是为所有人的医疗服务提供公共资助，为所有人提供从幼儿到大学教育的公共资助。扩展美国社会福利国家需要资金，而不仅仅是更多地向富人征税。在本章中，我们将展示一种可能的方式来产生这种资金。

社会福利国家的兴起

为什么大多数人认为政府应该资助医疗服务和教育呢？出于

第九章　充满可能性的世界

同样的原因，他们认为退休也应该主要由政府提供资金。因为基本生活水准是一项公认的基本人权。实际上，没有教育、老龄收入资助和医疗服务，基本生活水准的权利就无法实现。

20世纪以前，家庭为老年人和病人提供支持，而不是政府。父母为子女的教育买单；子女照顾年迈的父母。宗教组织为那些没有家庭支持的人提供帮助。但这一切都发生在这样一个背景下：教育对大多数人来说是短暂的，医疗服务是基本的，老年人不能指望长寿。随着技术进步、预期寿命的提高和医学的进步，教育、退休和医疗的成本也在增加，因此公共资助也就成为必需。

2019年，美国工薪阶层（占人口的一半）的人均收入是每年18 500美元。就是在那个时候，美国将国民收入的20%用于医疗服务，也就是每个成人15 000美元。所有发达经济体即使要努力控制成本，也都会将至少10%的国民收入用于医疗。[3]如果美国效仿这些国家，将医疗支出控制在国民收入的10%，那么每个成年人的医疗服务支出仍将达到7 500美元，而这一数字对于18 500美元的收入来说是遥不可及的。

穷人难道不能购买打折的医疗和教育吗？不能，因为廉价的医疗就像廉价的教育一样，在实践中，意味着当你需要的时候没有医疗，也没有教育。有观点认为医疗服务就像理发或餐饮服务一样，总有一种产品适合任何预算，这是一个神话。穷人需要与富人同等的医疗和教育。几乎所有的美国孩子，不管他们的背景如何，都至少要接受12年的教育才能从高中毕业；我们都希望有更多来自贫困家庭的孩子能上大学。每个人的断腿都需要被修补。没有一个发达经济体能够成功地以低廉的成本提供体面的医疗和教育。

这就是为什么在20世纪，所有发达国家都逐渐将教育（包括幼儿园前的儿童保育）、养老和医疗服务的任务交给了政府。当然，对于政府应该支付多少、个人应该花费多少，以及如何监管教育、退休和医疗服务的提供者，存在一些合理的争论。但是，对于退休、教育和医疗而言，并没有一个不通过税收或相当于税收的强制性捐款来获得大量资金资助的成功模式。在所有发达经济体中，总税收从1900年前后不到国民收入的10%增加到今天的30%~50%，主要是为社会福利国家的三大支柱提供资金：青年人的教育、老年人的退休福利和全民医疗服务。[4]

私人医疗保险：巨额人头税

美国也不例外。1935年创立的社会保障体系由工资税提供资金，现在每年将国民收入的6%用于退休和伤残津贴。大众化的中等和高等教育一直主要由政府组织，由一般税收提供资金。[5]尽管高等教育的学费很高，学生贷款负担了很多，但政府仍然为美国2/3的教育支出提供了资金。政府还为穷人提供医疗补助、为65岁及以上的老年人提供医疗保障，为退伍军人提供医疗保险。

然而，美国的社会福利国家存在重大漏洞。政府在儿童保育和早期教育方面的支出很少，导致这一指标在国际排名中几乎垫底。世界上最富有的国家都会保障母亲有一年以上的带薪产假，但美国什么也不保障。除了一些领先城市，美国没有五岁前儿童的公立学校；美国没有公立的托儿所或保育院。其他富裕国家早就明白，教育应该由社会提供，包括早期教育，这比由市场提供会更好、更有效，但美国没有。

第九章　充满可能性的世界

儿童保育费用高得令人望而生畏，每年每名婴儿的日间护理费用很容易达到 20 000 美元，使许多家庭不得不采取父母抚育的方式。而实际上，这项任务主要落在母亲身上。事实上，政府支出的缺乏相当于对妇女的时间征缴高额税收，这可能是最古老的税收形式。这种税收对妇女的职业有着深远的影响，并加深了性别不平等。美国母亲在生完第一个孩子后的平均收入比父亲下降了 31%。这就是为什么尽管事实上女性比男性受教育程度更高，更有可能从大学毕业，但收入方面仍然存在巨大的性别差异。[6] 把资源投入高等教育，却因为没有给这些年轻母亲的孩子提供早期教育，使她们在事业的关键时刻遭遇挫折，即使从纯效率的角度看，这难道不荒谬吗？

与其他发达经济体相比，美国的另一个特点是公共医疗保险远未普及。大约一半的医疗服务支出（20% 国民收入中的 10%）是由政府资助的。很大一部分人必须购买私人保险。私人保险制度将数以百万计的美国人排斥在外，给工薪阶层带来了巨大的负担。

正如我们在第五章中看到的，私人保费类似于一笔巨大的私人税收。尽管大多数员工通过他们的雇主获得了保险，因此雇主名义上支付了保费，但保费和工资税一样是劳动成本。就像工资税一样，保费最终要由员工承担。唯一的区别是，因为保费与收入无关，所以甚至比工资税更具累退性。就像人头税一样*，每位员工都同样适用于固定金额，仅取决于年龄和家庭覆盖范围的不同。实际

---

* 历史上，1964 年以前，在美国殖民地和一些州，投票登记是以支付"人头"税为条件的。在本书中，我们使用了人头税的经典定义，即对每个成年人的征税，不涉及其收入或拥有的资源。

上，秘书支付的金额与高管相同。

毫无疑问，人头税并不受欢迎。1988年，当玛格丽特·撒切尔用人头税取代房地产税时，她遇到了前所未有的反抗，并于1990年辞去首相职务。没有哪个政府会突然征收人头税来资助医疗服务，这将是中等收入家庭的沉重负担。但是从本质上看，这正是美国今天所做的：雇主正在代表政府征收巨额人头税。自2010年通过《平价医疗法案》以来，如果雇主拥有50名或以上雇员，那么在法律上就会被要求为其员工提供医疗保险，或在2019年就要为每位员工支付2 500美元的罚款。考虑到医疗保险的年平均保费（每名参保员工1.3万美元）是如此高，显然这个体系是不可持续的。

为了说明这项人头税的规模，让我们看看把强制性的私人医疗保险费包括在内的美国税收分配。正如我们在第一章中看到的那样，如果仅考虑常规税收，美国的税收体制看起来像是一个庞大的单一税率制，在收入顶端会变得累退。但是，随着医疗服务人头税的增加，事实上税收的累退性是显而易见的：如果将私人医疗保险考虑在内，平均税率就会从收入分配底部的略低于30%上升到中产阶层的接近40%，然后暴跌到亿万富翁的23%（见图9.1）。

人头税重创了工薪阶层和中产阶层。在收入分配的底部，相当于人头税的医疗保险费没有销售税和工资税那么重。但这是因为许多美国工薪阶层没有从他们的雇主那里获得医疗保险。他们要么自己承担医疗保险的负担，要么依靠家庭成员为他们提供医疗保险，要么加入医疗补助（Medicaid），要么只能放弃医疗保险。《平价医疗法案》增加了符合医疗补助资格的美国人数量，并且为那些原本不在医保范围内的低收入群体购买私人保险提供

第九章　充满可能性的世界

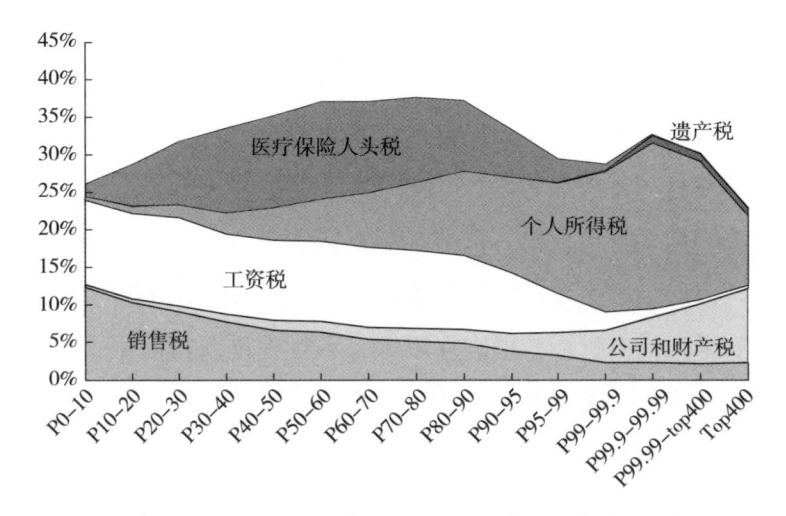

图 9.1　美国的税收制度：单一税率还是大规模的累退？
（包含强制医疗保险的税率，2018 年）

注：该图描述了美国 2018 年按收入群体划分的平均税率及其税种构成情况。包括所有联邦、州和地方税。该图增加了准强制性雇主资助的医疗保险费，作为在职员工支付的附加税。包括这些准税收在内，美国的税收制度是急剧累退的，工薪阶层，特别是中产阶层要比非常富有的人支付更多税收。详情请见 taxjusticenow.org。

补贴，但是 2019 年，仍然留下约 14% 的成年人口没有医保。[7] 对于那些通过人头税为自己的医疗服务提供资金的员工来说，这并不能减轻他们的负担，因为就中产阶层而言，人头税成本远远超过了所得税成本。

为社会福利国家提供资金：超越工资税和增值税

在其他一些发达国家，医疗保险是全民或接近全民的，而且儿童保育的公共资助也更为普遍，那么它们是如何为这些基本的社会需求提供资金的呢？一般来说，医疗保险的资金来源是工资税或一般政府收入，如增值税。虽然聊胜于无，但这种提供资金

175

不公正的胜利

的方式并不理想。

工资税比人头税要更公平一些，因为它们与工资成正比，至少在一定程度上是这样。但是，工资税有一个很大的局限：工资税典型地只对劳动收入征收，而将资本收入排除在外。某些国家已经在尝试扩大工资税，将部分资本收入纳入税基之中，但尽管如此，劳动仍承担着为医疗服务提供大部分资金的负担。[8]

如果人们有机会获得医疗服务，不管他们获得的是劳动收入还是资本收入，没有理由只让劳动做出贡献。而且，正如我们看到的，对资本收入的征税越来越少（尽管在大多数国家，其增长速度高于国民收入），而对劳动的征税越来越多（尽管其增长速度慢于国民收入，而且有时甚至停滞不前）。在这种情况下，免除资本为不断增长的医疗支出提供资金，似乎既不明智，也不可持续。

除了工资税，美国以外的所有发达经济体都有大量的增值税。增值税原理产生于20世纪初，是由德国实业家威廉·西门子（Wilhelm von Siemens）和美国经济学家托马斯·亚当斯（Thomas Adams）分别独立发明的。1948年，法国是第一个尝试实施增值税的国家，而且，在1954年更广泛地推行了这一做法。20世纪60年代，这一概念流行起来，并在随后的几十年里被大多数国家采用。[9] 增值税取代了以前的消费税，如对特定商品征收的产品税、销售税和流转税（与增值税类似，区别在于它们对中间商品征税）。[10]

相比被取代的消费税，增值税有明显的优势，而且如今美国仍然存在消费税。增值税对服务和商品征税。它不会像流转税那样，在生产链上产生重复征税，因为企业购买中间商品的成本可

第九章 充满可能性的世界

以从其销售商品和服务的价值中扣除。相对于销售税,逃避增值税会更难,因为税收是在生产的每个阶段征收的,而不仅仅是在最终销售时。这就是在法国的带领下,增值税在全世界被广泛采用的原因。

对一些观察家来说,解决之道是显而易见的:美国应该采用增值税为改善其社会状况提供资金。我们认为这是错误的。增值税有两大缺陷:它是累退的,而且尽管其税基大于工资税,但也太小。

增值税是累退的,因为它是对消费征税,而不是对收入征税。工薪阶层和许多中产阶层无力储蓄:他们消费掉所有的收入,而且在一些艰难的日子里,他们的消费会超过收入。增值税给这些群体带来了巨大负担。相反,当一个人上升到收入金字塔的顶端时,相对于收入,消费就会变得越来越小。即使你花钱大手大脚,你也只能消费那么多,而相对于超级富豪的收入,几乎任何增值税都不用支付。在某种程度上,即使富人消费他们的储蓄,但这可能也是在获得收入的几十年后(如果储蓄是用于为退休提供资金),或几百年后(如果储蓄传给了后代继承人)。相对于所得税而言,消费税根本的不公正之处在于,富人可以通过储蓄推迟消费税的征收,而穷人则需要用现金立即支付。"迟到太久的正义就不是正义"[11]:在税收方面也是如此。

与人们普遍认为的相反,经济中的相当一部分没有被纳入增值税。金融、教育和医疗服务作为我们现代经济中最大的三个部门,通常被排除在外。金融业对美国收入不平等加剧的影响超过了其他任何行业,医疗服务业也名列前茅。[12]通过引入一种将这些部门排除在外的新税收,并不能精准地推进缩小收入不平等的斗

不公正的胜利

争。增值税将金融业排除在外，因为在金融业中没有简单的计算"增值"的方法。对常规商业来说，增值等于对客户的销售额减去中间投入成本。金融部门通过削减回报来管理你的资金（银行账户、共同基金和养老基金），以高利率借钱给你（信用卡、学生贷款、抵押贷款）。但是，金融部门对其提供的服务并没有明确而单独的收费。

20世纪50年代首次开征增值税时，金融、医疗服务和教育加起来也只是经济中的一个小部门。然而，从那时起它们发展迅猛。此外，由于增值税被（正确地）视为累退的，食品等必需品可以享受优惠税率。由于这些原因，以法国和德国为例，它们的增值税标准税率分别为20%和19%，通过增值税只增加了大约8%的国民收入。[13]换句话说，增值税只将40%的国民收入作为税基。在美国，医疗服务和金融部门的规模大于欧洲，但总体而言，美国人储蓄了更少的收入，所以美国增值税的税基占整个国民收入的比例也同样较低（40%）。为了增加6%的国民收入，美国需要实施的增值税税率是15%。

增值税和工资税的局限性意味着，在高度不平等的时代，它们无法承担为改善国家社会福利提供资金的责任。这两种选择在战后几十年的欧洲很流行，当时不平等达到了历史最低点，但现在已经不合时宜。我们需要创新。

为21世纪的社会福利国家提供资金：国民所得税

美国可以跃过增值税。它可以为创立21世纪的财政制度铺平道路，正如它在20世纪所做的那样。怎样做呢？通过创立国

第九章　充满可能性的世界

民所得税（national income tax）。

其基本思想很简单：国民所得税是对所有收入征收的税，不论这些收入是来源于劳动还是资本，也不论它们来源于制造业、金融业、非营利组织，或任何其他经济部门。这一税收对储蓄并不豁免，因为储蓄高度集中于富裕阶层，而且与税收减免相比，政府法规（如养老金计划的默认加入和金融监管）可以更有效地鼓励储蓄。为了简化管理，国民所得税只有一个税率，而且不提供任何抵扣。

让我们明确一点：国民所得税当然不是要取代所得税或任何其他累进税。它旨在补充累进税，取代累退税，因为这些累退税不公平地对美国工薪阶层和中产阶层施加了沉重的负担（见表9.1），其中最主要的是私人保险费，这是最具累退性的征税。

国民所得税是一种真正的单一所得税（flat income tax）。1985 年，经济学家罗伯特·霍尔（Robert Hall）和阿尔文·拉布什卡（Alvin Rabushka）提出了"单一税"，并被许多保守派接受，而这种"单一税"实际上和增值税一样，是一种单一税率的消费税，但为了更具吸引力，它常常被伪装成一种所得税。[14]国民所得税是更全面、更公平的单一税，因为它不区分收入的不同用途（消费与储蓄）。

要了解税收如何运行，就必须牢记国民收入是劳动收入、企业利润和利息收入的总和。具体来说，对国民收入征税就意味着对每一项收入流征税。

对劳动收入而言，国民所得税将由雇主管理和汇缴。所有雇主，无论是营利性企业、非营利性组织，还是政府，都要按其所有员工的全部劳动成本比例纳税。这看起来像是雇主的工资税，

179

不公正的胜利

但征税基数更大，包含所有附加福利，而且没有上限。已在公司和企业纳税申报表上申报且达到国民收入62%的所有员工薪酬，都将被纳入国民所得税。

下一步，所有企业，从夫妻餐厅到大公司，都必须为它们的利润缴纳国民所得税。税基是全部利润，既不抵扣也不豁免。企业会对其固定资产折旧，以反映正常损耗，但不允许抵扣任何已缴税款。企业利润已经在公司或企业纳税申报表上以国民所得税为目的进行了计量。

国民所得税也将对利息收入征税。企业支付的贷款和债券利息可用于扣减企业利润，但相应的贷款人收到的利息必须纳税。对企业而言，收到的利息已被计入利润。这就只剩下个人和非营利组织获得的利息需要被纳入税基，而且这不存在任何管理困难。个人和非营利组织从国外获得的股息以及其他形式的收入也应纳税。

因为以这种方式定义的税收只对所有收入来源一次征税，所以无须对美国股息（公司已经为利润纳税）、退休收入（因为包括退休金在内的劳动收入已经纳税），或任何政府转移支付（如社会保障金或失业救济金）征税。这就是与增值税的一个关键区别：国民所得税不会给那些靠转移收入为生的人带来负担，而这些人往往处于收入分配的最底层。这就使国民所得税比增值税更具累进性。

我们的计算显示，国民所得税的税基接近国民收入的100%。房主支付给自己的租金（属于国民收入的一部分，但并不容易被征税）不在税基之内；但是，国民所得税的税基不扣除抵押贷款利息支出。实际上，逃税会使国民所得税的税基略低于国民收入的100%。在非正规经济中，征税是无法实现的，包括那些从账外领取工资的员工或者获得现金支付的自雇者，而且一些企业也会少报利润。根据现有的估算，这些活动将使国民所得税的税基减少约国民收入的7%。[15]

因为国民所得税的范围如此之广，所以能够以较低的税率征收可观的税收收入。这将是一个稳定的税收来源，因为国民收入在一年与另一年之间变化不大，这对为社会福利国家提供资金这一核心长期任务很重要。偶尔会有人认为，碳税可以为医疗或儿童保育提供部分资金，但这是错误的。当然，碳税是应对气候变化的必要手段。但它的目标只应该是：为应对气候变化消除未来的碳排放，而不应该是在中期内获得税收收入。成功的碳税最终应该会产生零税收收入。

如果国民所得税是个好主意，那么为什么以前没有被提出并实施呢？可能是因为国际税收竞争，因为国民所得税确实增加了对公司利润的征税。然而，如第六章所述，如果对跨国公司恰当征税，那么对税收竞争的担忧就会消失。

实现全民医疗保险刻不容缓

国民所得税开启了一个充满可能性的世界。在美国，它可能被用来资助全民医疗保险、儿童保育和更平等地接受高等教育，例如为公立大学提供更多资助。在美国，高等教育尤其不平等，只有30%来自贫困家庭的年轻人在22岁之前上大学（而富人的比例接近100%），[16]而且学生们背负着沉重的贷款，这些贷款阻碍了中产阶层的财富积累。如果联邦政府毫无作为，各州可以采用国民所得税取代过时且累退性很强的销售税，并且也可以为社会福利国家提供资金。其他国家也可以实施国民所得税，以减少对劳动收入征收的增值税或工资税，从而降低其税收制度的累退性。

例如，在美国，以6%的税率征收国民所得税，加上对富人征收更高的税收，将使政府获得约国民收入10%的税收收入。如果其中的6%用于医疗服务，1%用于全民儿童保育，0.5%用于高等教育，美国将实现与21世纪相称的社会福利国家。剩余的税收收入可以用来消除陈旧的销售税（和特朗普关税），目前这些税收都对工薪阶层造成了沉重的负担（见表9.1）。

尽管很难量化更健康、受教育程度更高的劳动力对经济的影响，但有证据表明，这种增长的影响将是积极的。因为摆脱了失去雇主提供医疗保险的风险，更多的人可能开始创业。更多的大学毕业生将会提高生产率。全民儿童保育将会增加妇女劳动力的参与。反过来，收入的增加会提升税收收入，最终减少政府财政赤字。

表9.1 为21世纪的社会福利国家提供资金

	税收收入	
	税收种类	收入（占国民收入的百分比）
财富税	5 000万美元以上适用2%的税率 10亿美元以上适用3.5%的税率	1.2%
所得税	对股息和资本利得全额征税 60%的最高边际所得税税率	1.7%
公司税	30%的美国有效公司税率 25%的国别最低税率	1.2%
国民所得税	6%的单一税率	5.6%
合计		9.8%*

第九章 充满可能性的世界

（续表）

支出		
	支出种类	费用（占国民收入的百分比）
全民医保	8 000 美元，适用于目前投保的员工	6.0%
	8 000 美元，适用于目前未投保的员工	
全民教育	公共儿童保育和早期教育	1.0%
	公立大学免学费	0.5%
销售税的削减	消除销售税和特朗普关税	2.3%
合计		9.8%

注：我们提议的改革可以资助全民医保和全民教育（从早期的儿童保育到大学教育），而且取消了累退和过时的销售税（但保留了产品税，这主要针对汽油、酒精和烟草）。这项改革的资金来源是对富人的额外征税（累进财富税、更累进的所得税，以及对公司提高征税）和比增值税更公平和更广泛的国民所得税。详情请见 taxjusticenow.org。

＊原书此处即为9.8%，应为四舍五入原因，导致与各项加总不等。——编者注

如果我们采用税率为6%的国民所得税资助医疗服务，那么下面就是它发挥作用的原理。4.5%的税率足以资助标准医疗保险，这样就可以覆盖目前所有通过雇主交纳医疗保险费的工人的医疗需求。它还允许将《平价医疗法案》的商业医保补贴扩大到所有参与者，而不论其家庭收入如何。将这一税率提高到6%也将足以覆盖目前没有参保的3 000万美国人，实现真正的全民医疗保险。

如果我们采用税率为6%的国民所得税为医疗服务提供资金，那么大多数美国人会受益无穷。当然，这样的税收会减少6%的劳动收入。但是，如今大批员工用于医疗保险的费用都超过了其收入的6%。假设你的收入是40 000美元，而且你的雇主目前为你的医疗保险支付了12 000美元。实际上，你的劳动收入是52 000美元，但是其中的23%被医疗保险的人头税吃掉了。如果

参保员工的保险费低于其总劳动收入的6%，那么他们将受益匪浅，这会是90%以上由雇主提供医疗保险的员工情况。另一方面，高收入者和有资本收入的个人将会支付更多。

对于"全民医保"（Medicare for All）计划来说，实践中主要的反对意见是，目前参保的员工并不想放弃他们已有的私人医疗保险，所以不会转而参加新的公共保险计划。解决这一问题的一个方法是，让员工有权选择是否保持他们目前的医疗保险计划。假设你目前的收入是40 000美元，而且你的雇主要为私人医疗保险计划贡献12 000美元。再想象一下，公共医疗保险价值8 000美元。在这种情况下，政府会付给你的雇主8 000美元。对于你的雇主来说，定期缴纳你喜欢的私人医疗保险计划的费用将从12 000美元降到4 000美元。法律会规定，雇主把从政府获得的8 000美元转移给员工；因此，你的实际工资将增加8 000美元，增幅为20%。对雇主来说，医疗保险费用的降低是中性的，而且会直接显示在员工的薪水工资单上。

图9.2说明了在我们提议的改革下，美国的税收体系会是什么样子：对富人征税直至拉弗曲线的顶端，征收国民所得税（比增值税更公平、更广泛），废止销售税和巨额医疗保险人头税。

对所有社会群体而言，当包含了医疗保险费时，从最底层到大约95%分位的群体将缴纳比如今更低的税收。工薪阶层（要缴纳很多销售税）和中产阶层（目前医疗服务费用高得令人望而却步）的可支配收入将会增加。在中位数社会群体值附近，税率将会从38%降至28%：大约13个百分点的医疗保险费将会消失，3个百分点的销售税也没有了，而所有这些都将被6个百分点的国民所得税取代。

第九章 充满可能性的世界

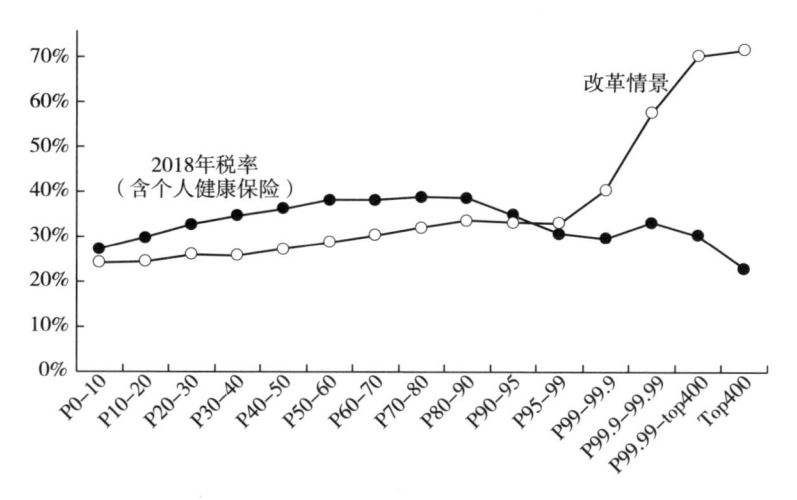

图9.2 21世纪的累进税制
（税率，税前收入百分比）

注：该图描述了2018年按收入群体划分的平均税率，将雇主资助的医疗保险费视为税收。改革方案废止了所有销售税和雇主资助的医疗保险费，引入税率为6%的国民所得税，设立累进财富税，增加公司所得税，以及提升个人所得税的累进性。详情请见 taxjusticenow.org。

这样的税收体系会损害经济增长吗？会不会是我们所谓的美国末日呢？历史告诉我们，并非如此。正如我们看到的，类似的税收累进水平在20世纪50年代就达到了，在美国对收入顶端的征税崩塌前，激增的医疗费用和上涨的工资税使美国的税收体系变成了不公正的引擎。富裕国家正是通过在教育、医疗和其他公共产品上的公共支出才变得富有，而不是通过神化极少数超级富豪。如果以史为鉴，未来繁荣的国家将继续是那些为所有人的成功而投资的国家。

结论　税收公正已刻不容缓

我们从调查研究中可以得出一个主要结论：各个社会可以选择它们想要的任何税收累进程度。全球化引发了如何对跨国公司和富人征税的棘手问题，但是国际开放并没有使我们注定要面对一个税收不公正日益严重的世界。从20世纪80年代起，逃税就被纵容，但从技术上讲，没有什么能阻止我们遏制逃税。随着目前日益疯狂的税收逐底竞争，税收的累进性正受到威胁，但正如一个世纪前美国率先实行累进税一样，美国也可以创立新的财政体制，以应对21世纪的挑战。

在本书中，我们提出了应对这些挑战的建议：通过征收大幅累进的财富税，我们可以遏制各种形式的租金攫取，而这些都与根深蒂固的极端财富有关；对跨国公司有效征税，以调和全球化与税收公正的冲突；通过征收国民所得税资助社会福利国家，并缓解医疗服务的巨大成本。我们的解决方案并不完美。当然，它们也不是唯一可能的解决方案。通往税收未来的道路不是单一的，而是充满无限可能。历史告诉我们，人类社会的创造力是无穷的。经济学家能够提供帮助的，不是拔高一些被他们经常认为不可战胜的约束或普遍规律，而是让充满无限可能的未来更加切实可行。

结论 税收公正已刻不容缓

这就是为什么我们要开发税收公正网（taxjusticenow.org）的原因。本书给出了一套解决方案，税收公正网则展示了现在通往未来道路的无限可能。该网站从当前的纳税分布开始，这正是我们在第一章研究的，目前美国的税收制度是庞大的单一税制，在收入顶端出现累退。但是，税收公正网做到了任何书籍不管多长时间都不可能做到的事情：它展示了如何通过调整现有税种、取消其中一些税种、增设新税种，或者加强税收执法改变每个群体的有效税率，从最低工资员工到亿万富翁。任何人都可以迅速评估财富税、更高的最高所得税税率，或者对大公司实施更严格的征税将如何影响政府的税收收入和税收制度的累进性。

税收公正网的税收模拟器有一个关键创新点：它展示了税收如何长期影响不平等的动态发展。具体来说，如果你偏爱自1980年起就开始征收财富税，那么杰夫·贝佐斯、比尔·盖茨、沃伦·巴菲特和其他亿万富翁今天拥有多少财富呢？如果最高边际所得税税率明天提高到70%，前1%群体的收入占比会受到什么影响呢？

我们从一开始就说明，不可能对这些问题提供完美精准的答案。尽管经济学家在理解什么样的经济力量影响不平等的演变，以及税收如何影响经济行为上取得了一些进展，但我们仍然远不能完美地预测税收对不平等的影响。然而，我们没有理由不做到最好。税收制度的主要作用不是影响经济的总体增长率，而是改变经济资源的分配，因为它改变了每个社会群体的可支配收入，而且更重要的是，它影响了人们获取收入和积累财富的激励。任何关于税收的严肃思考都必须把不平等置于首位和中心，尤其在当今财富集中度不断上升的世界里，更应如此。

不公正的胜利

　　这正是我们尝试用税收公正网做的事情。我们的目标不是提供一个政府政策与不平等之间复杂而相互作用的决定性模型，而是利用现有知识促进对民主财政的讨论。我们的税收模拟器是透明的、开源的：我们的代码、数据和程序都可以在线获取；我们的每个结果都可以重新验证；我们的每个假设都可以被修改；我们的每个选择都可以追溯到最近的一系列研究。但为了使用这个工具，你并不需要成为专家；它是一个为人民、为所有关心集体行动未来的个人提供服务的工具。[1]随着关于税收和税收如何影响不平等的新知识的出现，我们计划在未来几年改进这一工具，我们也提前感谢读者的反馈和建议。

　　加入我们的税收公正网吧：taxjusticenow.org！

致　谢

如果没有多年来与我们合作并对我们关于税收和不平等的研究提出宝贵意见的众多联合作者和同事，如果没有我们的母校，加州大学伯克利分校的支持，本书是不可能完成的。我们要特别感谢 Heather Boushey、Lucas Chancel、Kimberly Clausing、Camille Landais、Claire Montialoux 和 Thomas Piketty 对书稿的详细评论。感谢我们的研究助理 Akcan Balkir、Katie Donnelly Moran 和 Clancy Green，以及我们的经纪人 Raphael Sagalyn。特别感谢我们的编辑 Brendan Curry 和他在诺顿出版社（W. W. Norton）同事们的宝贵工作。

注　释

第一章　美国的收入与税收

1. 请参阅 taxjusticenow. org 上的在线附录，了解本章讨论的统计数据的完整详细信息。
2. 参阅 Barbier（2014）。
3. 参阅 Reeves（2017）。
4. 参阅 Alveredo et al.（2018）。所有数据都可以在 *World Inequality Database* 的网站 wid. world 在线获取。
5. 2019 年，关税有望达到 750 亿美元，是 2017 年 380 亿美元的两倍（US Department of Commerce Bureau of Economic Analysis, National Income and Prodct Acounts of the United States，表 3. 2，2019 – Q1）。然而，包括各级政府在内的消费税总额超过了 8 000 亿美元（同上，表 3. 5，2017，除了财产税以外的生产和进口税总额）。
6. 参阅 US Treasury（2018）。
7. 参阅 Okner and Pechman（1974）。联邦机构（国会预算办公室、美国财政部或税务联合委员会）和智库（如税收政策中心）提供了按收入群体划分的联邦税收分配的统计数据，但它们忽略了州和地方的税收。例如，参见 US Congressional Budget Office（2018）。税收与经济政策研究所（ITEP）已编制了近几年州和地方税收分配的估算（Institute on Taxation and Economic Policy, 2018）。Piketty、Saez and Zucman（2018）对所有税收和本章给出的已更新的结果进行了分配，并改进了该研究。
8. 参阅 Saez and Zucman（2019），我们在其中详细讨论了这一点 。
9. 在收入分配的最底层，人们不赚取劳动收入、资本利得或养老金收入，而只能获得转移支付的收入；他们用转移支付的收入支付消费税，如果用税前收入的比例表示，这将导致高税率。为了避免这个问题，我们将收入群体限制在税前收入超过联邦最低工资（7 250 美元/年）一半的成年人。该群体的平均税率与宏观经济税率基本相同。

10. 1950 年，全年全职工作（50 周×40 小时×0.75 美元）的最低工资为每小时 0.75 美元，即全年 1 500 美元。1950 年，成人人均国民收入为 2 660 美元。

11. 有关法国工资税的说明，请参阅 Organisation for Economic Co – operation and Development（2019）。

12. Institute on Taxation and Economic Policy（2018）提供了最全面的州和地方税收累进性的估算。

13. 在国民账户中，2017 年联邦公司税收入为 2 850 亿美元，2018 年为 1 580 亿美元（US Bureau of Census，2019，表 3.2）。

14. 企业所有人可扣除（最高不超过收入的 20%）按其购买价格计算的资本存量的 2.5%（不包括土地、无形资产和存货），且无须折旧。只要资本回报率（企业所得与资本存量价值的比率）低于 12.5%，即 2.5%/20%，扣减额是不受限制的。

15. 参阅 Landais、Piketty and Saez（2011）；Bozio et al.（2018）。

第二章　从波士顿到里士满

1. 在 1952 年和 1953 年，最高边际所得税税率甚至达到 92%。

2. 学者已经利用殖民地的财产税记录构建了美国内战前关于不平等的统计数据。北部殖民地的不平等程度远远低于英国（Lindert，2000）。

3. 参阅 Einhorn（2006）。

4. 参阅 Einhorn（2006）。

5. 加拿大作家罗纳德·赖特（Ronald Wright，2004）认为这句话是约翰·斯坦贝克（John Steinbeck）说的，但这很可能是一个解释。

6. 1861 年的《税收法案》确立了第一个联邦所得税，对 800 美元以上的收入征收 3% 的税率，但它缺乏执行机制，而且从未实施。它被 1862 年的《税收法案》废除和取代。

7. 1860 年，美国大陆大约有 3 100 万居民（US Bureau of the Census，1949，series B2）。美国国民收入大约相当于目前的 50 亿美元［1859 年美国历史统计的 A154 序列（series A154）报告称，美国的"私人生产收入"总额为 41 亿美元，这可能稍微低了一些，因为政府生产量不大，所以必须向上调整］，因此 1860 年，人均收入约为 150 美元，即 600 美元免税门槛的1/4。

不公正的胜利

从 1860 年到 1864 年,物价指数上涨了约 75%(Atack and Passell,1994,第 367 页,表 13.5),因此 1864 年的人均收入约为 250 美元。

8. 参阅 Huret(2014),第 25 页。

9. 1860 年至 1864 年,南方邦联的物价指数上升了大约 40 倍,但北方美利坚合众国的物价指数只提高了约 75%。南方邦联的数据,请参阅 Lerner(1955);北方美利坚合众国的数据,请参阅 Atack and Passell(1994),第 367 页,表 13.5。

10. 参阅 Huret(2014),第 40—41 页。

11. 参阅 US Bureau of the Census(1975),序列(series)Y353–354。

12. 参阅 Holmes(1893)。

13. 参阅 Sparh(1896)、Pomeroy(1896),以及 Gallman(1969)。

14. 参阅 Lindert(2000)。

15. 参阅 Seligman(1894)。

16. 参阅 Huret(2014),第 85 页。

17. 参阅 Mehrotra(2013),Scheve and Stasavage(2017)。

18. 根据现有估计,一战前夕,在欧洲前 10% 群体拥有总财富的 90%,而在美国约为 75%(参阅 Piketty,2014;Piketty and Zucman,2015)。

19. 参阅 Fisher(1919)。

20. 参阅 Einhorn(2006),第 6 章。

21. 参阅 Plagge、Scheve and Stasavage(2011),第 14 页。

22. 参阅 Piketty、Saez and Stancheva(2014),该书介绍了这样一个理论模型,并使用现代数据进行了估算。

23. Kuzners(1953)通过使用个人所得税统计数据,得出了最高收入份额。参阅 Piketty and Saez(2003),了解最高财政收入份额的现代估算。这里引用的统计数据是指前 0.01% 群体的收入占比,不包括资本利得。

24. 关于我们如何计算非税收入的详细说明和完整结果,请参见 Piketty、Saez and Zucman(2018)。

25. 参阅 Norton – Taylor(1955)。

第三章　不公正如何获胜

1. 美国广播公司(ABC)和盖洛普公司(Gallup)在 1986 年底进行的四项民意调查显示,公众对 1986 年《税制改革法案》(Tax Reform Act)的态度不温不火,支持率为 22%~40%,大部分公众没有任何想法。在四次民意调查中，每一次的赞成/反对/不知道的百分比分别为 22/15/63、22/15/63、38/36/26、40/34/26（参见 Kertcher，2017）。

2. Crystal（1992）显示，1986 年《税制改革法案》之后，高管薪酬飙升。Hubmer、Krusell and Smith（2016）发现，1986 年《税制改革法案》对美国财富集中度的上升起到了关键作用。另见 Piketty、Saez and Zucman（2018）。

3. 例如，参阅 1987 年《经济展望杂志》（*Journal of Economic Perspectives*）（在线：https://www.aeaweb.org/issues/256）中关于 1986 年《税制改革法案》的专题讨论。即使赞成累进税制的学者，如约瑟夫·佩克曼（Joseph Pechman）或理查德·马斯格雷夫（Richard Musgrave），最终也普遍支持税制改革，或至少承认其必然性（参阅 Pechman，1987；Musgrave，1987）。

4. 关于朝圣山学社（Mont Pelerin society），参阅 Burgin（2012）。关于富人反抗税收，参阅 Martin（2015）。关于戈德华特（Goldwater），参阅 Perlstein（2001）。关于保守派基金会的作用，参见 Mayer（2017）和 Teles（2012）。

5. 参见玛格丽特·撒切尔 1987 年 9 月接受 Woman's Own 的采访。

6. 关于逃税和税收执法的讨论，参阅 Slemrod（2007）、Slemrod and Bakija（2017），和第五章。

7. 自 1922 年首次引入资本利得优惠税率时，长期资本利得的最高税率一直低于 40%。从 1942 年至 1964 年，最高税率为 25%，那是实施准没收性最高边际所得税税率的时代。

8. 由于忽视了这一社会准则，经济学家无法理解公司为什么要支付股息，并称之为"股息之谜"（例如，参阅 Black，1976）。

9. Hall（1951），第 54 页；Lewellen（1968）。20 世纪 60 年代以来关于高管补贴的经典研究，完全忽略了被认为微不足道的公司额外津贴。

10. 1955 年《财富》（*Fortune*）杂志刊登的一篇长文描述了高管的生活方式（Ducan–Norton，1955）。唯一提到公司额外津贴的是这样一句话："普遍的做法是，公司总裁乘公司飞机去纽约的时候，通常会带上家人和朋友。回程可能包括绕道加拿大钓鱼。"这可以与如今公司额外津贴的传闻相对照，例如，2014 年汽车制造商雷诺公司时任总裁卡洛斯·戈恩（Carlos Ghosn）借 60 岁生日在凡尔赛宫举办庆典活动（花费超过 60 万欧元），而官方宣称，这是为了庆祝雷诺–日产联盟成立 15 周年。

11. 参阅 US Joint Committee on Tax Evasion and Avoidance（1937）。

12. 参阅 Fack and Landais（2016），图 4.5 和图 4.7。

13. 参阅 Wang（2002），第 1252 页。

14. 这些结果是作者利用国税局收入统计部（Statistics of Income division）公布的所得税公开数据计算得出的。

15. 更重要的是，那些由消极活动（passive activities）造成的商业损失（纳税人只是拥有部分企业，并没有执行任何管理企业的重大活动）只能从类似的消极活动产生的商业收益中扣除。详细讨论请参阅 Auerbach and Slemrod（1997）。

16. 参阅 Thorndike（2003）。

17. 大卫·盖伊·约翰斯顿（David Gay Johnston）2003 年出版了专著《完全合法》（*Perfectly Legal*），该书描述了自 20 世纪 70 年代中期以来富人避税的激增。

18. 参阅 Ventry（2006）。

19. 这些审计统计数据每年由美国国税局公布，并可在网上查阅（2018 年的数据见 US Treasury，Internal Revenue Service，2018，表 9a，1975 年的数据见 US Treasury，Internal Revenue Service，1975，第 89 页，表 2）。《摧毁国税局》（*Gutting the IRS*）的系列报告（ProPublica，2018–2019）利用这些统计数据记录了近几十年来国税局执法活动的大幅减少。

20. 我们可以使用遗产乘数法（estate multiplier method）从遗产税的统计数据中推断财富在全部人口中的分布，遗产乘数法是指死亡时的财富根据年龄、性别和财富以死亡率的倒数进行加权计算。详细讨论和评价参阅 Saez and Zucman（2016）。

21. 参阅 Raub、Johnson and Newcomb（2011）。

22. 关于 20 世纪 60 年代和 70 年代遗产税避税的描述，参阅 Cooper（1979）。

23. 参阅 Kopczuk and Saez（2004），表 1，第 2 列。

24. 特朗普生动地展示了《纽约时报》（*New York Times*）记录的遗产税避税行为（参阅 Barstow、Craig and Buettner，2018）。

25. 有关逃税方面的学术文献发现，边际税率对逃税的影响很小，但税收执法对逃税的影响很大。例如，参阅 Kleven et al.（2011）。

26. 这被称为美国国税局国家研究计划（IRS National Research Program），以前被称为纳税人合规性测度计划（the Taxpayer Compliance Measurement Program）。例如，参阅 US Treasury，Internal Revenue Service（1996）。

27. 参阅 Guyton et al.（2019）。

28. 美国国税局国家研究计划中记录了这一点（例如，参见 US Treasury，Internal Revenue Service，1996）。Kleven et al.（2011）以丹麦为背景更详

细地分析了这个问题。

29. 参阅 Alstadsæter、Johannesen and Zucman（2019），Zucman（2019）。

30. 参阅 International Consortium of Investigative Journalists（2016）。

31. 参阅 Zucman（2013，2015）和 Alstadsæter、Johannesen and Zucman（2018）。

32. Johannesen and Zucman（2014）研究了银行信息自动交换之普遍采用前薄弱的信息交换制度。逃税者可以通过不合作的避税天堂离岸账户规避现有跨境信息交换条约的不完整网络。

第四章　欢迎来到百慕兰

1. 参阅 Zucman（2014）。

2. 参阅 Organisation for Economics Co–operation and Development（2017）。

3. 在美国，从一战到 20 世纪 30 年代中期，员工代表计划和由员工选举产生的工会在公司中发挥了重要作用，公司工会就工作场所发生的诸多问题与管理层协商（例如，参见 Wartzman，2017）。

4. 参阅 Wright and Zucman（2018）。

5. 参阅 Zucman（2014）。

6. 参见网址 https：//www.sec.gov/Arachives/edgar/data/1288776/000119312504143377/d424b4.htm。

7. Drucker（2010），Kleinbard（2011），第 707—714 页。爱尔兰已承诺 2020 年前逐步取消一家公司在爱尔兰注册但在百慕大纳税的规定。

8. 参阅 Bowers（2014）。

9. 参阅 Wright and Zucman（2018）。

10. 参阅 US Treasury, Internal Revenue Service, Country–by–Country Report（Form 8975）（2018，Tax Year 2016，表 1A）。

11. 参阅 Tørsløv、Wier and Zucman（2018），Clausing（2016，2019）。

12. 例如，Phillips et al.（2017）估算了在《减税和就业法案》（the Tax Cut and Jobs Act）实施前夕，财富 500 强企业在海外持有多少利润。

13. 例如，参阅 Hodge（2018）。

14. 参阅 Cook（2016）。

15. 参阅 Wearden and Elliott（2018）。

16. 关于国家主权商业化的概念，参阅 Palan（2002）。

17. 参阅 Tørsløv、Wier and Zucman（2018）。

不公正的胜利

第五章　税收不公正的螺旋上升

1. 从某种意义上说，自雇者的收入是混合的，因为它在概念上既对应于他们工作的报酬（治疗病人或提供法律服务的时间），又对应于他们的资本（医疗器械、无形资产，如律师事务所的品牌价值）。将 70% 的自雇收入归属于劳动多少有些武断，但由于大多数员工是赚取工资的个人（不是自雇者），改变这一假设基本上无关紧要。

2. 在公开的财务报表中，总人工成本不单独列报（而是与"销售商品成本"项下的其他成本合并）。然而，我们知道苹果公司在 2018 年有大约 132 000 名全职员工，而且由于美国证券交易委员会实施了新的规则，强制要求披露公司首席执行官薪酬与员工工资中位数的比例，我们知道苹果公司员工的工资中位数是 55 000 美元（不包括医疗保险等附加福利）。我们假设员工平均工资为 95 000 美元，加上 20 000 美元的医疗和退休福利，总劳动报酬约为 150 亿美元。我们将这一数额加在苹果公司 2018 年 10－K 报表第 38 页报告的 709 亿美元"营业收入"上，得出我们对苹果公司增加值（850 亿美元）的估算。

3. 参阅 Piketty and Zucman（2014），其中系统分析了各国宏观经济层面的资本收入与劳动所得的份额以及随时间变化的情况。

4. 为了完整起见，我们也按照劳动和资本在国民收入中所占的比例，将销售税分配给劳动收入和资本利得。这就确保了平均宏观经济税率等于资本和劳动税率之和，并按劳动和资本在国民收入中的份额加权计算。

5. 根据恺撒家族基金会（Kaiser Family Foundation）的数据，2014 年，在美国核磁共振成像扫描的费用（平均 1 119 美元）是澳大利亚这类国家（215 美元）的 5 倍。阑尾切除手术的费用为 15 930 美元，相当于收入分配底层 50% 美国人全年的税前收入（参阅 Kamal and Cox，2018）。

6. 2018 年恺撒家族基金会的雇主医疗福利调查（Kaiser Fmaily Foundation Employer Health Benefits Survey）；也可参阅 Kaiser/HRT Survey，涉及雇主资助的医疗福利，统计数据覆盖了 1999 年至 2017 年。美国劳工统计局员工福利调查显示，2017 年，58% 的员工获得了医疗福利（US Bureau of Labor Statistics. National Compensation Survey，2018，表 9）。2017 年，美国有 1.505 亿全职和兼职员工（参阅 US Department of Commerce，Bureau of Economic Analysis，2019，表 6.4 D），因此有 8 730 万人参加了医疗保险，每位参保员工的平均费用为 12 000 美元。2017 年，雇主资助的保险费总成本为

注释

1.044万亿美元（US Centers for Medicare and Medicaid Services，2019，国民医疗支出账户的表05－06）。假设从2017年到2019年，医疗费用名义增长率为4%，那么2019年，每位员工的医疗费用为13 000美元。

7. 参阅Dafny（2010）。

8. 参阅Organisation for Economic Co－operation and Development（2018c、2019c）。

9. 雇主资助福利的保险费总成本相当于2017年国民收入的6.2%（16.756万亿美元国民收入中的1.044万亿美元，参阅US Centers for Medicare and Medicaid Services，2019，国民医疗支出账户的表05－06；US Department of Commerce，2019，表1.12）。由于医疗服务费用增长快于国民收入增长，2019年相应的数字也会略高于6.2%。

10. 关于各国的宏观经济税率，参阅Organisation for Economic Co－operation and Development（2018c）。

11. 参阅Piketty、Saez and Zucman（2018）。

12. 关于资本税、资本回报率和长期财富不平等之间相互作用的分析，参见Piketty（2014）。

13. 根据所得税申报表中申报的资本收入估算最高财富份额。参阅Saez and Zucman（2016），以及Piketty、Saez and Zucman（2018）更新的数据序列。

14. 这些零资本税的结论被称为阿特金森－斯蒂格利茨定理（Atkinson－Stiglitz theorem，参阅Arkinson and Stiglitz，1976）和查姆利－贾德结论（the Chamley－Judd result，参阅Chamley、1986；Judd，1985）。然而，这些结果依赖于非常强大和不切实际的假设。在更现实的情况下，资本税实际上是可取的（例如，参阅Piketty and Saez，2013；Saez and Stantcheva，2018）。

15. 参阅Piketty and Zucman（2014）。

16. 参阅Saez and Zucman（2016），其中详细描述了20世纪收入最底层90%群体的储蓄和财富变化。

17. 两本广受读者欢迎的书籍概述了行为经济学的文献，并总结了它对公共政策的影响：Thaler and Sunstein（2008）和Thaler（2015）。

18. 这一结果最初是由Madrian and Shea（2001）得到的，许多后续研究中也得出了这一结果（例如，参见Beshears et al.，2009）。

19. 参阅Chetty et al.（2014）。

20. 这一点很明显，例如，在丹麦，1997年废除了累进财富税，但是财富不平等并没有加剧，因为养老金制度变化带来的中产阶层储蓄增加抵消了富人

197

的储蓄率提高。参阅 Jakobsen et al.（2018）。

21. 关于实证文献的综述，参见 De Mooij and Ederveen（2003）。

22. 参阅 McCormick（2018）。

23. 参阅 Agostini et al.（2018）。

24. 以色列的情况，参阅 Romanov（2006）。瑞典的情况，参阅 Edmark and Gordon（2013）。挪威的情况，参阅 Alstadsæter（2010）。芬兰的情况，参阅 Pirttilä and Selin（2011）。

第六章　如何阻止税收不公正的螺旋上升

1. 参阅 International Monetary Fund（2019），第47页附录1。

2. 参阅 Tørsløv、Wier and Zucman（2018）。

3. 现有估算表明，近年来全球资产转让定价专业人员的薪酬每年约为200亿美元；参阅 Tørsløv、Wier and Zucman（2018）。

4. 参阅 Brennan and Buchanan（2000）。

5. 也可参阅 Atkinson、Piketty and Saez（2011），Piketty（2014）。

6. 参阅 Organisation for Economic Co-operation and Development（2018）。

7. 附录可在 taxjusticenow.org 上获得。

8. 联邦公司税收入从2017年的2 850亿美元降至2018年的1 580亿美元（US Department of Commerce，2019，表3.2）。州公司所得税的下降幅度为35%（从2017年的3 380亿美元降至2018年的2 180亿美元，同上，表3.1）。

9. 2018年美国税制改革推出了补救性税收的雏形，采用了"全球无形低税收收入"（global intangible low-tax income，GILTI）规定。根据这一规定，如果美国跨国公司在外国获得的利润被认为异常高（即有形资本的回报率超过10%），那么其外国利润在美国将按照10.5%的最低税率纳税。然而，基于两个关键原因，这一规则并不充分：10.5%的税率太低，而且补救性税收并不适用于国别（country-by-country）征税，而适用于合并征税（这意味着在百慕大登记利润但在日本缴纳足够高税款的公司可以避免补税）。更多细节参阅 Toder（2018）。

10. 参阅 Bloomberg（2017）。

11. 参阅 *Forbes*（2019），2019年7月4日。

12. 有关公司利润分配的美国经验分析，参见 Clausing（2016b）。

13. 参阅 Organisation for Economic Co-operation and Development（2019b）。

注释

第七章 向富人征税

1. 参阅 Barstow、Craig and Buettner（2018），Buettner and Craig（2019）。
2. 参阅 Rawls（1971）。
3. 经济学家主要依赖于最大化社会中个人效用总和的功利原则。个人效用随收入增加而增加，但以下降的比例增加，因此当收入变得非常大时，额外一美元收入提供的效用贡献变得越来越小。参阅 Piketty and Saez（2013b）。
4. 参阅 Ramsey（1927）。
5. 参阅 Diamond（1998）和 Saez（2001）。
6. 关于1986年《税制改革法案》的避税对策讨论，参见 Slemrod（1990）和 Saez（2004）。Moffit and Wihelm（2000）表明，在税制改革前后，高收入个人应纳税收入的增加并没有伴随着工作时间的增加。
7. 关于理论分析的总结，请参阅 Diamond and Saez（2011）。
8. Saez、Slemrod and Giertz（2012）回顾了实证文献，并表明大量记录在案的应对税收变化的行为反应总是源于避税。在丹麦等避税机会较少的税收体系中，对税收变化的行为反应在数量上很少，高收入者的弹性在 0.2～0.3 之间（参阅 Kleven and Schultz, 2014）。
9. 500 000 美元以上的平均收入大约是 1 500 000 美元（参阅 Piketty、Saez and Zucman 2018）。因此，排名靠前的纳税人在100万美元收入时支付75%的税率，而其第一个50万美元的收入适用于较低的税率。如果我们假设对第一个50万美元征收30%的平均宏观经济税率，所以排名靠前的纳税人的总税率为（2/3）×75% +（1/3）×30% =60%。
10. Kiel and Eisinger（2018）记录了2010年以来美国国税局的预算和执法活动的削减情况。
11. 例子参阅 Kiel and Eisinger（2019）。
12. 参阅 Zucman（2015）。
13. 在美国现行法律中，当资产转让给继承人时，其购买价格将重置为转让时的现行价格。这一臭名昭著的漏洞，即所谓的递增基数（stepped-up basis），意味着人们可以通过持有资产直至死亡来逃避资本利得税。大多数经济学家认为，这是一个需要弥补的关键漏洞。
14. 参阅 Zucman（2014）。
15. 非个人股东（如养老金计划和基金会）的利润将仍然受到公司税的管制。已实现的资本利得将被征收累进所得税，但这并不意味着这些资本利得将被双重征税。原因如下：在我们描述的一体化税收体系中，留存收益将被视为股东的新投资，并因此计入股东的股份基数中（就目前美国的 S 公司而言）。因此，资本利得不会反映留存收益，而仅仅反映了纯粹的资产价格升值。

16. 我们假设，对于前 1% 的收入群体来说，其收入弹性为 1 减去边际税率，即 0.25。在现行制度下，前 1% 收入群体缴纳 30% 的平均税率，而且面临 35% 的平均边际税率。当前 1% 收入群体适用的边际税率变为 75% 时，他们的税前收入将会下降到以前的 $((1-0.75)/(1-0.35))^{0.25} = 79\%$。前 1% 收入群体的收入份额将降至 $20\% \times 79\% = 15.8\%$。

17. Saez and Zucman（2019b）更详细地讨论了美国累进财富税的前景。

18. 20 世纪 50—70 年代，美国的财富集中度处于历史低位。累进财富税的提案通常来自对财富集中度不断增长的实证分析。在对 20 世纪 90 年代美国财富不平等加剧的研究之后（Wolff, 1995），Wolff（1996）提出了累进财富税（尽管税率适中）。最近，Piketty（2014）提出了最高税率为 5%~10% 的全球累进财富税，以应对全球财富集中度的上升。Piketty（2019）建议按最高 90% 的财富税税率对亿万富翁征税，为每个年轻人提供一笔资本赠予。

19. 参阅 Rosenthal and Austin（2016）。

20. 参阅 Meyer and Hume（2015）。

21. 对于较小的企业（如单一所有者拥有的夫妻公司），最简单的方法是遵循最佳国际惯例。瑞士通过使用基于企业资产账面价值和利润倍数的公式，成功地对单一所有者的小型私营企业股权征税。在美国，为了征收企业（business）和公司所得税，国税局已经收集了私人企业资产和利润的数据，因此采用类似公式是很简单的。

第八章　超越拉弗

1. 评论家通常只使用价格通胀调整来转换收入级档，而没有考虑经济增长。这夸大了过去的税收负担，因为那时的实际收入要低得多。

2. 参阅 US Treasury Department, Internal Revenue Service（1962），第 32 页。

3. 参阅 Madison（1792）。

4. 参阅 Madison（1795）。

5. Piketty、Saez and Stantcheva（2014）根据这些原则开发了一个税收模型。他们发现，如果高的最高税率减少了高收入者的租金攫取，那么采用超过拉弗税率的没收性最高税率是可取的。利用国际上有关首席执行官薪酬的证据，他们表明，高的最高税率确实在调节高管薪酬方面发挥着重要作用。

6. Piketty、Saez and Zucman（2018）介绍了美国分布式国民账户，Alvarado et al.（2016）介绍了一般方法论。美国人口普查局（US census bureau）和经合组织也为美国和欧洲国家制定了这方面的举措（Fixler and Johnson, 2014; Zwijnenburg et al., 2017）。

7. 参阅 Garbinti、Goupille–Lebret and Piketty（2018）。

8. 参阅 College Board（2019）。

9. 参阅 Feldstein（2017）。

10. 参阅 Gates（2013）。

11. 参阅 Aeppel（2015）。

12. 参阅 Mouton（2018）。

13. 参阅 Chetty et al.（2017）。

14. 参阅 Organization for Economic Co-operation and Development（2018b）。

15. 参阅 Organization for Economic Co-operation and Development（2019c）。Case and Deaton（2015）记录了这些死亡率趋势，并表明美国死亡率的增长集中于没有大学学位的中年白人。他们表明，死亡率增加的部分原因是"绝望死亡"：经济前景不佳导致了吸毒、酗酒和自杀。

16. 关于这里讨论的财富税统计数据的计算，Saez and Zucman（2019b）提供了所有细节。

第九章　充满可能性的世界

1. Kuziemko et al.（2015）显示，在美国，当公众对政府信任度较低时，由于高度不平等，公众对再分配的支持要弱得多。

2. 大量实证研究表明，公共医疗保险可以挽救生命（尽管很难精确量化）；例如，参见 Card、Dobkin and Maestas（2009）。

3. 参阅 OECD Health Statistics（Organization for Economic Co-operation and Development, 2019c）。

4. 新加坡经常被认为是低税收发达经济体的典范。2016年，新加坡税收与GDP之比仅为13.5%。但这是一种误导，因为为了保证员工医疗、退休福利和教育费用，新加坡征收了非常庞大的强制性工资缴款，称为中央公积金（Central Provident Fund, www.cpf.gov.sg），这基本上等同于工资税。缴费率非常高，对于非老年员工来说，员工和雇主的合并缴费是其收入的

不公正的胜利

37%（参阅 Organisation for Economic Co-operation and Development，2019d，Global Tax Statistics Database）。

5. 经合组织国家中，关于公共和私人教育经费相对于 GDP 的水平，参见经合组织统计数据（Organisation for Economic Co-operation and Development，Revenue Statistics，2019e）。

6. 关于按性别和群体划分的大学毕业率，参阅 Goldin、Katz and Kuziemko（2006）。关于性别差距的分析，参阅 Blau、Ferber and Winkler（2014），关于各国"儿童惩罚"的估算，参阅 Kleven et al.（2019）。

7. 参阅 Gallup surveys（Witters，2019）。

8. 这是法国的情况，例如一般社会缴费（Contribution Sociale Généralisée）（参阅 Landais、Piketty and Saez，2011）。

9. 关于增值税的详细历史，参阅 Ebrill、Keen and Perry（2001）。

10. 流转税是指对企业总销售额征收的税，而不管是对最终消费者还是对另一个企业的销售。美国一些州仍在征收此类流转税（参见 Watson，2019）。

11. 1963 年，马丁·路德·金（Martin Luther King, Jr.）在偷偷运出监狱的《从伯明翰市监狱发出的信》中使用了"来得太迟的正义就不是正义"（Justice too long delayed is justice deined）这句话。

12. 参阅 Bakija、Cole and Heim（2012）。

13. 参阅 Organisation for Economic Co-operation and Development，Revenue Statistics（2018c），表 3.14。

14. Hall and Rabushka（1985）提出了"单一税"。Viard and Carroll（2012）介绍了各种消费税的建议。他们明确指出，被伪装成所得税的单一税很难向公众推行，因为它们是免除了利息收入、股息收入和已实现资本利得的"所得税"，也就是说，免除了高度集中于富人的收入形式。

15. 参阅 US Department of Commerce, Bureau of Economic Analysis, National Income and Product Accounts of the United States（2019），表 7-14、表 7-16 和表 7-18。2015 年，误报的工资收入为 862 亿美元、误报的非法人企业收入为 6 720 亿美元、误报的公司利润为 3 670 亿美元。2015 年，误报的总收入为 11 252 亿美元，占国民收入的 7.2%。详细情况，参阅 Saez and Zucman（2019c）。

16. Chetty and Friedman et al.（2017）按照家庭收入提供了大学入学率的分析。他们的研究显示，按 22 岁年龄划分，上大学的可能性随着父母收入的增长而线性增大，从底层收入人群的 32% 增长到顶层收入人群的 95%

（附录，图I）。富裕家庭的孩子也比穷人家的孩子就读更好的学校。

结论　税收公正已刻不容缓

1. 不同的政府机构，包括国会预算办公室（the Congressional Budget Office）、美国财政部（the US Treasury）和联合税收委员会（the Joint Committee on Taxation），以及诸如税收政策中心（Tax Policy Center）等智库都有各种税收模拟器。这些工具捕捉了税法的微小细节，使精确地模拟联邦立法变化成为可能，但是公众无法获取。我们的工具可供所有人使用，并侧重于税收与不平等之间的相互作用。将这两种方法结合起来是有价值的，而且我们希望今后能为这项任务做出贡献。

参考文献

Aeppel, Timothy. "Silicon Valley Doesn't Believe U.S. Productivity Is Down." *Wall Street Journal*, July 16, 2015.

Agostini, Claudio A., Eduardo Engel, Andrea Repetto, and Damián Vergara. "Using Small Businesses for Individual Tax Planning: Evidence from Special Tax Regimes in Chile." *International Tax and Public Finance* 25, no. 6 (2018): 1449–1489.

Alstadsæter, Annette. "Small Corporations Income Shifting Through Choice of Ownership Structure—A Norwegian Case." *Finnish Economic Papers* 23, no. 2 (2010): 73–87.

Alstadsæter, Annette, Niels Johannesen, and Gabriel Zucman. "Who Owns the Wealth in Tax Havens? Macro Evidence and Implications for Global Inequality." *Journal of Public Economics* 162 (2018): 89–100.

———. "Tax Evasion and Inequality." *American Economic Review* 109, no. 6 (2019): 2073–2103.

Alvaredo, Facundo, Anthony Atkinson, Lucas Chancel, Thomas Piketty, Emmanuel Saez, and Gabriel Zucman. "Distributional National Accounts (DINA) Guidelines: Concepts and Methods Used in the World Wealth and Income Database." WID Working Paper 2016/1, 2016.

Alvaredo, Facundo, Lucas Chancel, Thomas Piketty, Emmanuel Saez, and Gabriel Zucman. *World Inequality Report 2018*. Cambridge, MA: Harvard University Press, 2018.

Atack, Jeremy, and Peter Passell. *A New Economic View of American History from Colonial Times to 1940*. 2nd ed. New York: W. W. Norton, 1994.

Atkinson, Anthony, Thomas Piketty, and Emmanuel Saez. "Top Incomes

参考文献

in the Long Run of History." *Journal of Economic Literature* 49, no. 1 (2011): 3–71.

tkinson, Anthony, and Joseph E. Stiglitz. "The Design of Tax Structure: Direct Versus Indirect Taxation." *Journal of Public Economics* 6, no. 1–2 (1976): 55–75.

uerbach, Alan J., and Joel Slemrod. "The Economic Effects of the Tax Reform Act of 1986." *Journal of Economic Literature* 35, no. 2 (1997): 589–632.

ıkija, Jon, Adam Cole, and Bradley T. Heim. "Jobs and Income Growth of Top Earners and the Causes of Changing Income Inequality: Evidence from US Tax Return Data." Williams College Department of Economics Working Paper 2010–22, revised January 2012.

ırbier, Edward B. "Account for Depreciation of Natural capital." *Nature* 515 (2014): 32–33.

ırstow, David, Susanne Craig, and Russ Buettner. "Trump Engaged in Suspect Tax Schemes as He Reaped Riches From His Father." *New York Times*, October 2, 2018.

ɛshears, John, James J. Choi, David Laibson, and Brigitte C. Madrian. "The Importance of Default Options for Retirement Saving Outcomes: Evidence from the United States." In Jeffrey Brown, Jeffrey Liebman, and David Wise, eds., *Social Security Policy in a Changing Environment*, 167–195. Chicago: University of Chicago Press, 2009.

ack, Fischer. "The Dividend Puzzle." *Journal of Portfolio Management* 2, no. 2 (1976): 5–8.

au, Francine, Marianne A. Ferber, and Anne E. Winkler. *The Economics of Women, Men, and Work*. 7th ed., Upper Saddle River, NJ: Prentice Hall, 2014.

'oomberg. "Tracking Tax Runaways," Bloomberg LP, March 1, 2017. Available at www.bloomberg.com/graphics/tax-inversion-tracker/.

ɔwers, Simon. "Luxembourg Tax Files: How Juncker's Duchy Accommodated Skype and the Koch Empire." *The Guardian*, December 9, 2014.

ɔzio, Antoine, Bertrand Garbinti, Jonathan Goupille-Lebret, Malka Guillot, and Thomas Piketty. "Inequality and Redistribution in France 1990–2018: Evidence from Post-tax Distributional National Accounts." WID. world Working Paper no. 2018/10, 2018.

ennan, Geoffrey, and James M. Buchanan. *Collected Works: Analytical Foundations of a Fiscal Constitution. The Power to Tax*. Indianapolis: Liberty Fund, 2000.

ıettner, Russ, and Susanne Craig. "Decade in the Red: Trump Tax Figures Show Over $1 Billion in Business Losses." *New York Times*, May 8, 2019.

205

Burgin, Angus. *The Great Persuasion: Reinventing Free Markets since the Depression.* Cambridge, MA: Harvard University Press, 2012.

Card, David, Carlos Dobkin, and Nicole Maestas. "Does Medicare Save Lives?" *Quarterly Journal of Economics* 124, no. 2 (2009): 597–636.

Case, Anne, and Angus Deaton. "Rising Morbidity and Mortality in Midlife among White Non-Hispanic Americans in the 21st Century." *Proceedings of the National Academy of Sciences* 112, no. 49 (2015): 15078–15083.

Chamley, Christopher. "Optimal Taxation of Capital Income in General Equilibrium with Infinite Lives." *Econometrica* 54, no. 3 (1986): 607–622.

Chetty, Raj, John N. Friedman, Søren Leth-Petersen, Torben Heien Nielsen, and Tore Olsen. "Active vs. Passive Decisions and Crowd-out in Retirement Savings Accounts: Evidence from Denmark." *Quarterly Journal of Economics* 129, no. 3: (2014): 1141–1219.

Chetty, Raj, John Friedman, Emmanuel Saez, Nicholas Turner, and Danny Yagan. "Mobility Report Cards: The Role of Colleges in Intergenerational Mobility," National Bureau of Economic Research Working Paper no. 23618, July 2017.

Chetty, Raj, David Grusky, Maximilian Hell, Nathaniel Hendren, Robert Manduca, and Jimmy Narang. "The Fading American Dream: Trends in Absolute Income Mobility since 1940." *Science* 356, no. 6336 (2017): 398–406.

Clausing, Kimberly A. "The Effect of Profit Shifting on the Corporate Tax Base in the United States and Beyond." *National Tax Journal* 69, no. 4 (2016): 905–934.

———. "The U.S. State Experience under Formulary Apportionment: Are There Lessons for International Tax Reform?" *National Tax Journal*, 62, no. 2 (2016b): 353–386.

———. *Open: The Progressive Case for Free-Trade, Immigration, and Global Capital.* Cambridge, MA: Harvard University Press, 2019.

College Board. *Trends in Higher Education, Tuition and Fees and Room and Board over Time,* 2019.

Cook, Tim. "A Message to the Apple Community in Europe." Apple Inc., August 30, 2016.

Cooper, George. *A Voluntary Tax? New Perspectives on Sophisticated Tax Avoidance.* Studies of Government Finance. Washington, DC: Brookings Institution, 1979.

Crystal, Graef S. *In Search of Excess: The Overcompensation of American Executives.* New York: W. W. Norton, 1992.

参考文献

afny, Leemore. "Are Health Insurance Markets Competitive?" *American Economic Review* 100, no. 4 (2010): 1399–1431.

e Mooij, Ruud A., and Sjef Ederveen. "Taxation and Foreign Direct Investment: A Synthesis of Empirical Research." *International Tax and Public Finance* 10, no. 6 (2003): 673–693.

iamond, Peter A. "Optimal Income Taxation: An Example with a U-shaped Pattern of Optimal Marginal Tax Rates." *American Economic Review* 88, no. 1 (1998): 83–95.

——, and Emmanuel Saez. "The Case for a Progressive Tax: From Basic Research to Policy Recommendations." *Journal of Economic Perspectives* 25, no. 4 (2011): 165–190.

rucker, Jesse. "Google 2.4% Rate Shows How $60 Billion Is Lost to Tax Loopholes." *Bloomberg*, October 21, 2010.

rill, Liam, Michael Keen, and Victoria Perry. *The Modern VAT*. Washington, DC: International Monetary Fund, 2001.

lmark, Karin, and Roger H. Gordon. "The Choice of Organizational Form by Closely-Held Firms in Sweden: Tax Versus Non-Tax Determinants." *Industrial and Corporate Change* 22, no. 1 (2013): 219–243.

nhorn, Robin. *American Taxation, American Slavery*. Chicago: University of Chicago Press, 2006.

ick, Gabrielle, and Camille Landais, eds. *Charitable Giving and Tax Policy: A Historical and Comparative Perspective*. Oxford: Oxford University Press, 2016.

ldstein, Martin. "Underestimating the Real Growth of GDP, Personal Income, and Productivity." *Journal of Economic Perspectives* 31, no. 2 (2017): 145–164.

sher, Irving. "Economists in Public Service: Annual Address of the President." *American Economic Review* 9, no. 1 (1919): 5–21.

xler, Dennis, and David S. Johnson. "Accounting for the Distribution of Income in the U.S. National Accounts." In D. Jorgenson, J. S. Landefeld, and P. Schreyer, eds., *Measuring Economic Stability and Progress*. Chicago: University of Chicago Press, 2014. 213–244.

orbes. "GLOBAL 2000: The World's Largest Public Companies." May 15, 2019. Available at www.forbes.com/global2000.

allman, Robert E. "Trends in the Size Distribution of Wealth in the Nineteenth Century: Some Speculation." *Six Papers on the Size Distribution of Wealth and Income*. 1–30. New York: National Bureau of Economic Research, 1969.

Garbinti, Bertrand, Jonathan Goupille-Lebret, and Thomas Piketty. "Income inequality in France, 1900–2014: Evidence from Distributional National Accounts (DINA)." *Journal of Public Economics* 162 (2018): 63–77.

Gates, Bill. "GDP Is a Terrible Way to Measure a Country's Economy." *Slate*, May 9, 2013.

Goldin, Claudia, Lawrence F. Katz, and Ilyana Kuziemko. "The Homecoming of American College Women: The Reversal of the College Gender Gap." *Journal of Economic Perspectives* 20, no. 4 (2006): 133–156.

Guyton, John, Patrick Langetieg, Daniel Reck, Max Risch, and Gabriel Zucman. "Tax Evasion by the Wealthy: Measurement and Implications," UC Berkeley Working Paper 2019.

Hall, Challis A. *Effects of Taxation on Executive Compensation and Retirement Plans*. Vol. 3. Division of Research, Graduate School of Business Administration, Cambridge MA: Harvard University Press, 1951.

Hall, Robert, and Alvin Rabushka. *The Flat Tax*. Stanford, CA: Hoover Institution Press, 1985.

Hodge, Scott A. "'The Missing Profits of Nations' Mistakes Tax Competition for Tax Evasion." Tax Foundation, Fiscal Fact no. 607, 2018.

Holmes, George K. "The Concentration of Wealth." *Political Science Quarterly* 8, no. 4 (1893).

Hubmer, Joachim, Per Krusell, and Anthony A. Smith, Jr. "The Historical Evolution of the Wealth Distribution: A Quantitative-Theoretic Investigation." National Bureau of Economic Research Working Paper No. 23011, 2016.

Huret, Romain D. *American Tax Resisters*. Cambridge, MA: Harvard University Press, 2014.

Institute on Taxation and Economic Policy. *Who Pays: A Distributional Analysis of the Tax Systems in All 50 States*. 6th ed., Washington DC: ITEP, 2018. Available at https://itep.org/whopays/.

International Consortium of Investigative Journalists. The Panama Papers: Exposing the Rogue Offshore Finance Industry. Available at www.icij.org/investigations/panama-papers/.

International Monetary Fund. "Corporate Taxation in the Global Economy," IMF Policy Paper no. 19/007, March 2019.

Jakobsen, Katrine, Kristian Jakobsen, Henrik Kleven, and Gabriel Zucman. "Wealth Taxation and Wealth Accumulation: Theory and Evidence from Denmark." National Bureau of Economic Research Working Paper no. 24371, 2018, forthcoming in *Quarterly Journal of Economics*.

Johannesen, Niels, and Gabriel Zucman. "The End of Bank Secrecy? An

Evaluation of the G20 Tax Haven Crackdown." *American Economic Journal: Economic Policy* 6, no. 1 (2014): 65–91.

hnston, David Cay. *Perfectly Legal: The Covert Campaign to Rig Our Tax System to Benefit the Super Rich—and Cheat Everybody Else.* New York: Portfolio Books, 2003.

dd, Kenneth L. "Redistributive Taxation in a Simple Perfect Foresight Model." *Journal of Public Economics* 28, no. 1 (1985): 59–83.

aiser Family Foundation. *2018 Employer Health Benefits Survey.* 2018. Available at www.kff.org/health-costs/report/2018-employer-health-benefits-survey/.

amal, Rabah, and Cynthia Cox. "How Do Healthcare Prices and Use in the U.S. Compare to Other Countries?" Peterson-Kaiser Health System Tracker, May 8, 2018.

ertscher, Thomas. "Paul Ryan Claims 1986 Tax Reform, Like the Current One, Had Low Public Support Just Before Passage." *Politifact*, December 18, 2017.

iel, Paul, and Jesse Eisinger. "How the IRS Was Gutted." *ProPublica*, December 11, 2018.

———. "The IRS Tried to Take on the Ultrawealthy. It Didn't Go Well." *ProPublica*, April 5, 2019.

leinbard, Edward D. "Stateless Income." *Florida Tax Review* 11, no. 9 (2011): 699–774.

leven, Henrik, Camille Landais, Johanna Posch, Andreas Steinhauer, and Josef Zweimüller. "Child Penalties Across Countries: Evidence and Explanations." *AEA Papers and Proceedings* 109 (2019): 122–126.

———, Martin Knudsen, Claus Kreiner, Soren Pedersen, and Emmanuel Saez. "Unwilling or Unable to Cheat? Evidence from a Tax Audit Experiment in Denmark." *Econometrica* 79 no. 3 (2011): 651–692.

———, and Esben Anton Schultz. "Estimating Taxable Income Responses using Danish Tax Reforms." *American Economic Journal: Economic Policy* 6, no. 4 (2014): 271–301.

opczuk, Wojciech, and Emmanuel Saez. "Top Wealth Shares in the United States, 1916–2000: Evidence from Estate Tax Returns." *National Tax Journal* 57, no. 2, part 2 (2004): 445–487.

uziemko, Ilyana, Michael I. Norton, Emmanuel Saez, and Stefanie Stantcheva. "How Elastic are Preferences for Redistribution? Evidence from Randomized Survey Experiments." *American Economic Review* 105, no. 4 (2015): 1478–1508.

Kuznets, Simon. *Shares of Upper Income Groups in Income and Savings.* New York: National Bureau of Economic Research, 1953.

Landais, Camille, Thomas Piketty, and Emmanuel Saez. *Pour une Révolution Fiscale—Un Impôt sur le Revenu pour le 21e Siècle.* Le Seuil: République des Idées, 2011.

Lerner, Eugene. "Money, Prices and Wages in the Confederacy, 1861–65." *Journal of Political Economy* 63, no. 1, (1955): 20–40.

Lewellen, Wilbur G. *Executive Compensation in Large Industrial Corporations.* New York: National Bureau of Economic Research, 1968.

Lindert, Peter H. "Three Centuries of Inequality in Britain and America." In Anthony B. Atkinson and Francois Bourguignon, eds., *Handbook of Income Distribution*, Volume 1, 167–216. Amsterdam: Elsevier Science, North-Holland, 2000.

Madison, James. "Parties." *National Gazette*, January 23, 1792.

———, "Political Observations." April 20, 1795, in *Letters and Other Writings of James Madison*, Volume 4, Philadelphia: J.B. Lippincott & Co., 1865.

Madrian, Brigitte C., and Dennis F. Shea. "The Power of Suggestion: Inertia in 401 (k) Participation and Savings Behavior." *Quarterly Journal of Economics* 116 no. 4 (2001): 1149–1187.

Martin, Isaac William. *Rich People's Movements: Grassroots Campaigns to Untax the One Percent.* Oxford: Oxford University Press, 2015.

Mayer, Jane. *Dark Money: The Hidden History of the Billionaires Behind the Rise of the Radical Right.* New York: Anchor Books, 2017.

McCormick, John. "Koch-Backed Groups Are Selling Trump's Tax Cuts Door-to-Door Ahead of the Midterms." *Bloomberg Businessweek*, May 2, 2018.

Mehrotra, Ajay K. *Making the Modern American Fiscal State: Law, Politics, and the Rise of Progressive Taxation, 1877–1929.* Cambridge: Cambridge University Press, 2013.

Meyer, Gregory, and Neil Hume. "Cargill Guards Private Life in 150th Year." *Financial Times*, April 19, 2015.

Moffitt, Robert, and Mark Wilhelm. "Taxation and the Labor Supply Decisions of the Affluent." In Joel Slemrod, ed., *Does Atlas Shrug? The Economic Consequences of Taxing the Rich.* New York: Russell Sage Foundation, 2000. 193–234.

Mouton, Brent R. "The Measurement of Output, Prices, and Productivity—What's Changed Since the Boskin Commission?" *Brookings Institution*, July 25, 2018.

usgrave, Richard A. "Short of Euphoria." *Journal of Economic Perspectives* 1, no. 1 (1987): 59–71.

orton-Taylor, Duncan. "How Top Executives Live." *Fortune*, July 1955. Available at online at http://fortune.com/2012/05/06/how-top-executives-live-fortune-1955/.

kner, Benjamin A., and Joseph A. Pechman. "Who Paid the Taxes in 1966?" *American Economic Review* 64, no. 2 (1974): 168–174.

rganisation for Economic Co-operation and Development (OECD). "Board-Level Employee Representation." *Collective Bargaining*. Paris: OECD Press, 2017.

———. Automatic Exchange Portal. Country-Specific Information on Country-by-Country Reporting Implementation. Paris: OECD Press, 2018. Available at www.oecd.org/tax/automatic-exchange/country-specific-information-on-country-by-country-reporting-implementation.htm.

———. *International Migration Outlook 2018*. Paris: OECD Press, 2018b.

———. *Revenue Statistics 2018*. Paris: OECD Press, 2018c.

———. *Taxing Wages 2019*. Paris: OECD Press, 2019.

———. Base erosion and profit shifting. Country-by-Country exchange relationships. Paris: OECD Press, 2019b. Available at www.oecd.org/tax/beps/country-by-country-exchange-relationships.htm.

———. Health Statistics. Paris: OECD Press, 2019c. Available at www.oecd.org/els/health-systems/health-data.htm.

———. Global Tax Statistics Database. Paris: OECD Press, 2019d. Available at www.oecd.org/tax/tax-policy/global-revenue-statistics-database.htm.

———. Education Spending. Paris: OECD Press, 2019e. Available at https://data.oecd.org/eduresource/education-spending.htm.

lan, Ronen. "Tax Havens and the Commercialization of State Sovereignty." *International Organization* 56, no. 1 (2002): 151–176.

chman, Joseph A. "Tax Reform: Theory and Practice." *Journal of Economic Perspectives* 1, no. 1 (1987): 11–28.

rlstein, Rick. *Before the Storm: Barry Goldwater and the Unmaking of the American Consensus*. New York: Hill and Wang, 2001.

illips, Richard, Matt Gardner, Alexandria Robins, and Michelle Surka. *Offshore Shell Games 2017: The Use of Offshore Tax Havens by Fortune 500 Companies*. Institute on Taxation and Economic Policy and U.S. PIRG Education Fund, 2017.

ketty, Thomas. *Capital in the 21st Century*. Cambridge, MA: Harvard University Press, 2014.

———. *Capital et Idéologie*. Paris: Le Seuil, 2019.

———, and Emmanuel Saez. "Income Inequality in the United States, 1913–1998." *Quarterly Journal of Economics* 118, no. 1, (2003): 1–39.

———, and Emmanuel Saez. "A Theory of Optimal Inheritance Taxation." *Econometrica* 81, no. 5 (2013): 1851–1886.

———, and Emmanuel Saez. "Optimal Labor Income Taxation." In Alan Auerbach, Raj Chetty, Martin Feldstein, and Emmanuel Saez, eds., *Handbook of Public Economics*, Volume 5, 391–474. Amsterdam: Elsevier-North Holland, 2013.

———, Emmanuel Saez, and Stefanie Stantcheva. "Optimal Taxation of Top Labor Incomes: A Tale of Three Elasticities." *American Economic Journal: Economic Policy* 6, no. 1 (2014): 230–271.

———, Emmanuel Saez, and Gabriel Zucman. "Distributional National Accounts: Methods and Estimates for the United States." *Quarterly Journal of Economics* 133, no. 1 (2018): 553–609.

———, and Gabriel Zucman. "Capital Is Back: Wealth-Income Ratios in Rich Countries 1700–2010." *Quarterly Journal of Economics* 129, no. 3 (2014): 1255–1310.

———, and Gabriel Zucman. "Wealth and Inheritance in the Long Run," In Anthony B. Atkinson and Francois Bourguignon, eds., *Handbook of Income Distribution*, Volume 2, 1303–1368. Amsterdam: Elsevier Science, North Holland, 2015.

Pirttilä, Jukka, and Håkan Selin. "Income Shifting within a Dual Income Tax System: Evidence from the Finnish Tax Reform of 1993." *Scandinavian Journal of Economics* 113, no. 1 (2011): 120–144.

Plagge, Arnd, Kenneth Scheve, and David Stasavage. "Comparative Inheritance Taxation Database." Yale University, ISPS Data Archive, 2011.

Pomeroy, Eltweed. "The Concentration of Wealth." *Arena* 16 (1896): 82.

ProPublica, *Gutting the IRS: Who Wins When a Crucial Agency Is Defunded*. ProPublica series, 2018–2019.

Ramsey, Frank P. "A Contribution to the Theory of Taxation." *Economic Journal* 37, no. 145 (1927): 47–61.

Raub, Brian, Barry Johnson, and Joseph Newcomb. "A Comparison of Wealth Estimates for America's Wealthiest Decedents Using Tax Data and Data from the Forbes 400." *National Tax Association Proceedings*, 103rd Annual Conference on Taxation (2010): 128–135.

Rawls, John. *A Theory of Justice*. Cambridge, MA: Harvard University Press, 1971.

Reeves, Richard. *Dream Hoarders—How the American Upper Middle*

Class Is Leaving Everyone Else in the Dust, Why That Is a Problem, and What to Do About It. Washington, DC: Brookings Institution Press, 2017.

omanov, Dmitri. "The Corporation as a Tax Shelter: Evidence from Recent Israeli Tax Changes." *Journal of Public Economics* 90, no. 10–11 (2006): 1939–1954.

osenthal, Steven M. and Lydia S. Austin. "The Dwindling Taxable Share of U.S. Corporate Stock." *Tax Notes*, May 16, 2016.

ez, Emmanuel. "Using Elasticities to Derive Optimal Income Tax Rates." *Review of Economic Studies* 68, no. 1 (2001): 205–229.

———. "Reported Incomes and Marginal Income Tax Rates, 1960–2000: Evidence and Policy Implications." In James Poterba, ed., *Tax Policy and the Economy*, Volume 18. Cambridge, MA: MIT Press, 2004.

———, Joel Slemrod, and Seth Giertz. "The Elasticity of Taxable Income with Respect to Marginal Tax Rates: A Critical Review." *Journal of Economic Literature* 50, no. 1 (2012): 3–50.

———, and Stefanie Stantcheva. "A Simpler Theory of Optimal Capital Taxation." *Journal of Public Economics* 162 (2018): 120–142.

———, and Gabriel Zucman. "Wealth Inequality in the United States since 1913: Evidence from Capitalized Income Tax Data." *Quarterly Journal of Economics* 131, no. 2 (2016): 519–578.

———, and Gabriel Zucman. "Clarifying Distributional Tax Incidence: Who Pays Current Taxes vs. Tax Reform Analysis." UC Berkeley Working Paper 2019.

———, and Gabriel Zucman. "Progressive Wealth Taxation." *Brookings Papers on Economic Activity*, 2019b.

———, and Gabriel Zucman. "A National Income Tax." UC Berkeley Working Paper 2019c.

heve, Kenneth, and David Stasavage. *Taxing the Rich: A History of Fiscal Fairness in the United States and Europe*. Princeton, NJ: Princeton University Press, 2017.

ligman, Edwin. "The Income Tax." *Political Science Quarterly* 9, no. 4 (1894): 610–648.

emrod, Joel. *Do Taxes Matter? The Impact of the Tax Reform Act of 1986*. Cambridge, MA: MIT Press 1990.

———. "Cheating Ourselves: The Economics of Tax Evasion." *Journal of Economic Perspectives* 21, no. 1 (2007): 25–48.

———, and Jon Bakija. *Taxing Ourselves: A Citizen's Guide to the Debate Over Taxes*. 5th ed. Cambridge, MA: MIT Press, 2017.

Spahr, Charles. *An Essay on the Present Distribution of Wealth in the United States*. New York: TY Crowell, 1896.

Teles, Steven. *The Rise of the Conservative Legal Movement: The Battle for Control of the Law*. Princeton, NJ: Princeton University Press, 2012.

Thaler, Richard H. *Misbehaving: The Making of Behavioral Economics*. New York: W. W. Norton, 2015.

———, and Cass R. Sunstein. *Nudge: Improving Decisions about Health, Wealth, and Happiness*. New Haven, CT: Yale University Press, 2008.

Thorndike, Joseph J. "Historical Perspective: Pecora Hearings Spark Tax Morality, Tax Reform Debate." *Tax Notes* 101, November 10, 2003.

Toder, Eric. "Explaining the TCJA's International Reforms." Tax Policy Center, Urban Institute and Brookings Institution, February 2, 2018.

Tørsløv, Thomas, Ludvig Wier, and Gabriel Zucman. "The Missing Profits of Nations." National Bureau of Economic Research Working Paper no. 24701, 2018.

US Bureau of the Census. *Historical Statistics of the United States, 1789–1945*. US Department of Commerce, Bureau of the Census, 1949.

———. *Historical Statistics of the United States, Colonial Times to 1970*. US Department of Commerce, Bureau of the Census, 1975.

US Bureau of Labor Statistics. National Compensation Survey. Healthcare Benefits: Access, Participation, and Take-up Rates. 2018. Available at www.bls.gov/ncs/ebs/benefits/2017/ownership/civilian/table09a.htm.

US Centers for Disease Control and Prevention. Life Expectancy. 2019. Available at www.cdc.gov/nchs/fastats/life-expectancy.htm.

US Centers for Medicare and Medicaid Services. *National Health Expenditure Accounts*. Washington, DC: Government Printing Office, 2019.

US Congressional Budget Office. "The Distribution of Household Income, 2015." Washington, DC: Government Printing Office, 2018.

US Department of Commerce. Bureau of Economic Analysis. *National Income and Product Accounts of the United States, 1929–2018*. Washington, DC: Government Printing Office, 2019.

US Joint Committee on Tax Evasion and Avoidance. *Hearings before the Joint Committee on Tax Evasion and Avoidance*, 75th Congress, First Session, June 1937.

US Treasury Department, Internal Revenue Service. *Statistics of Income: Individual Income Tax Returns 1960*. Washington, DC: Government Printing Office, 1962. Available at www.irs.gov/pub/irs-soi/60inar.pdf.

———. *Annual Report of the Commissioner of Internal Revenue 1975*. Washington, DC: Government Printing Office, 1975.

———. "Federal Tax Compliance Research: Individual Income Tax Gap Estimates for 1985, 1988, and 1992." IRS Publication 1415 (Rev. 4–96), Washington, DC: Government Printing Office, 1996.

———. *Country-by-Country Report: Tax Jurisdiction Information.* Washington, DC: Government Printing Office, 2018.

———. *Foreign Portfolio Holdings of U.S. Securities.* Washington, DC: Government Printing Office, 2018.

———. *Internal Revenue Service Databook 2018.* Washington, DC: Government Printing Office, 2019.

entry, Dennis J. "Tax Shelter Opinions Threatened the Tax System in the 1970s." *Tax Notes* 111, May 22, (2006): 947.

iard, Alan, and Robert Carroll. *Progressive Consumption Taxation: The X Tax Revisited.* Washington, DC: AEI Press, 2012.

ang, Ben. "Supplying the Tax Shelter Industry: Contingent Fee Compensation for Accountants Spurs Production." *Southern California Law Review* 76 (2002): 1237–1273.

artzman, Rick. *The End of Loyalty: The Rise and Fall of Good Jobs in America.* New York: PublicAffairs, 2017.

atson, Garrett. "Resisting the Allure of Gross Receipts Taxes: An Assessment of Their Costs and Consequences." Tax Foundation, Fiscal Fact no. 634, February 2019.

earden, Graeme, and Larry Elliott. "Google CEO: We're Happy to Pay More Tax." *The Guardian*, January 24, 2018.

itters, Dan. "U.S. Uninsured Rate Rises to Four-Year High." *Gallup*, January 23, 2019.

olff, Edward. *Top Heavy: A Study of Increasing Inequality of Wealth in America.* New York: The Twentieth Century Fund Press, 1995.

———. "Time for a Wealth Tax?" *Boston Review*, February 1, 1996.

right, Ronald. *A Short History of Progress.* Toronto: House of Anansi, 2004.

right, Thomas, and Gabriel Zucman. "The Exorbitant Tax Privilege." National Bureau of Economic Research Working Paper no. 24983, 2018.

ucman, Gabriel. "The Missing Wealth of Nations: Are Europe and the U.S. Net Debtors or Net Creditors?" *Quarterly Journal of Economics* 128, no. 3 (2013): 1321–1364.

———. "Taxing Across Borders: Tracking Personal Wealth and Corporate Profits." *Journal of Economic Perspectives* 28, no. 4 (2014): 121–148.

———. *The Hidden Wealth of Nations.* Chicago: University of Chicago Press, 2015.

———. "Global Wealth Inequality." *Annual Review of Economics* 11 (2019): 109–138.

Zwijnenburg, Jorrit, Sophie Bournot, and Federico Giovannelli. "Expert Group on Disparities within a National Accounts framework—Results from a 2015 exercise." OECD Working Paper No. 76, 2017.